KB266339

우리가 미처 몰랐던 고려

우리가 미처 몰랐던 고려

박종기 지음

국호에서
K-컬처까지,
고려가 남긴
놀라운 유산

'K'의 뿌리는 조선인가, 고려인가

역사에서 전통이라 하면 앞선 시대 조선왕조의 전통을 먼저 떠올리곤 한다. 조선왕조가 500년 장기 지속한 까닭에 우리의 머릿속에는 온통 조선의 것이 가득 들어차 있으며, 조선왕조의 전통이 곧 우리의 전통이라는 생각이 깊숙이 자리 잡고 있다. 하지만 그것만이 전부일까?

우리는 조선의 두터운 전통을 뚫고 현대 한국의 문명과 문화유산에 뿌리를 내리고 있는 '또 다른 전통'에 주목할 필요가 있다. 지금부터 1,000여 년 전에 건국되어 500년 가까이 지속한 고려왕조의 역동적이고 개방적인 전통의 일부가 지금까지 이어지고 있다는 사실이다. 이 책은 우리가 미처 몰랐던 고려의 특성과 저력을 독자들과 함께 나누고자 한다.

고려에서 기원하여 조선까지 1,000년을 이어왔던 전통이 근대 자본주의 도입 이후 정리 청산되면서 현대 한국 사회에 계승되지 않고 흔적만 남은 것은 이 책에서 제외했다. 예를 들면 한반

도에서 처음으로 전국적인 물류 시스템을 완성한 고려의 조운제
도라든가 군현제도, 역참제도는 물론이고 전국적인 인적·물적 동
원 체제인 부병제와 녹봉과 조세 등의 재정제도 역시 고려에서 기
원해 조선 후기까지 1,000년을 이어온 전통이다. 이는 고려왕조
가 실질적으로 한반도를 통일한 최초의 통일국가임을 상징하는
제도이자 통일국가의 굳건한 인프라다. 또한 고려 후기 성리학이
처음 수용되어 조선에서 꽃을 피웠으며, 이와 함께 새로운 정치
엘리트 사대부가 등장해 조선왕조 정치를 상징하는 지배층이 되
었다. 한반도 최초의 통일국가가 다져놓은 이러한 문명과 문화유
산의 깊이와 폭은 우리가 알고 있는 이상으로 영향력과 파급력이
컸지만, 근대 자본주의와 제국주의의 등장으로 그 소임을 다했다.

이러한 요소들은 논외로 하더라도, 현대까지 이어져 온 고
려 기원의 문명과 문화유산은 결코 적지 않다. 고려왕조는 조선
왕조에 의해 멸망했고, 조선 건국 후 정치·사회적으로 그 잔재도
철저히 청산되었다. 그런데도 고려왕조에서 기원한 문명과 문화
유산의 일부가 조선 500여 년의 긴 세월에도 약해지거나 소멸하
지 않고 지금까지 이어져 온 사실에 대해 그동안 우리는 왜 주목
하지 않았고 그 가능성조차 열어두지 못했을까?

역사 연구의 대상과 인식이 정치지배층이나 그들이 만든
지배 기구나 이념 등에 머물러 있어서 고려와 현대 한국과의 연
결점이나 공통분모를 찾으려는 노력이 부족한 탓도 없지 않다.
그러나 보다 근본적으로는 고려왕조의 문명과 문화 역량을 대수롭

지 않게 여기는 우리 학계와 일반인의 고려사관이 작동하고 있기 때문이다. 그동안 고려시대는 '찬란한 문화와 웅대한 기상'을 품은 삼국시대와 '성리학과 선비의 나라' 조선시대 사이에 어정쩡하게 위치한 왕조로만 인식되어 왔다. 이 책은 그러한 오해에서 벗어나기 위한 노력의 하나로 집필했다. 21세기 이후 K-Culture로 상징되는 우리 문화에 대한 국내외의 관심이 고양되면서 그러한 문화의 기원과 유래를 찾는 일은 역사학의 새로운 과제로 떠오르고 있다. 그런 점에서 고려왕조는 앞으로 크게 주목받아야 할 대상이다. 이 책은 그러한 필요성을 환기하는 목적도 없지 않다.

고려왕조에서 기원하여 오늘까지 계승되고 있는 유산은 무엇일까? 이 책은 제도와 기술, 이념과 관습, 가치 등 문명과 문화의 여러 측면에서 다양한 사례를 찾아 정리했다.

남북한 공통의 영문 국호인 Korea가 나라 이름 '고려'에서 유래한 것은 잘 알려진 사실이다. 한반도에서 세 왕조가 '고려'를 국호로 사용했는데, 이것이 한반도의 통합과 통일의 상징적인 의미로 정착된 것은 고려시대다. 군사 강국 고려의 화약무기 제조와 사용은 K-방산의 원조가 되었고, 목면의 도입과 재배는 한반도에 의류와 생활문화의 혁명을 가져와 K-패션의 기원이 되었다. 세계의 주목을 받는 조선업, 반도체, TV 등의 명품은 동아시아에서 호평을 받은 도자기, 나전칠기, 종이 등 고려의 수준 높은 수공업 기술을 연상시킨다.

현대 한국 행정지명의 절반 정도가 고려시대에 제정되었

으며, 통일신라 경덕왕 대에 제정되어 고려시대에 사용된 지명을 합하면 약 70퍼센트나 된다. 한국인뿐 아니라 귀화 외국인도 갖춰야 할 성과 본관 역시 고려에서 유래했다. 공정성과 신뢰성의 상징이자 대한민국의 버팀목인 시험제도의 기원은 고려의 과거제도였다. 때로는 부정적인 의미로 사용되는 학벌과 재벌, 측근 등의 용어도 따지고 보면 고려에서 왔다.

고려의 문명과 문화유산이 조선왕조를 거쳐 지금까지 이어져 온 것은 고려인의 의식을 지배한 역동성과 개방성에서 우러나온 것이며, 곧 다이내믹한 현대 한국인의 심성으로 이어졌다는 것이 이 책의 결론이다.

과거 사실의 창고를 뒤져 새로운 사실을 찾아내는 역사가의 작업은 곧 과거에 대한 기억을 회복하고 확장하는 일이며, 새로운 미래를 여는 출발점이다. 동시에 우리 역사와 사회에 대한 신뢰성을 회복하고 궁극적으로 후손들에게 자랑스러운 역사적 유산을 남기는 일이기도 하다. 21세기 대한민국의 시선으로 개방적이고 역동적인 고려왕조를 되돌아보는 것도 그런 점에서 의미 있는 작업이 될 것이다.

끝으로 원고를 꼼꼼하게 다듬고 책을 아름답게 꾸미기 위해 정성을 다해준 편집부 여러분께 감사의 뜻을 전한다.

2026년 4월

박종기

2부. 천 년을 이어온 고려의 세계관

1 세계를 뒤흔드는 'K'의 저력

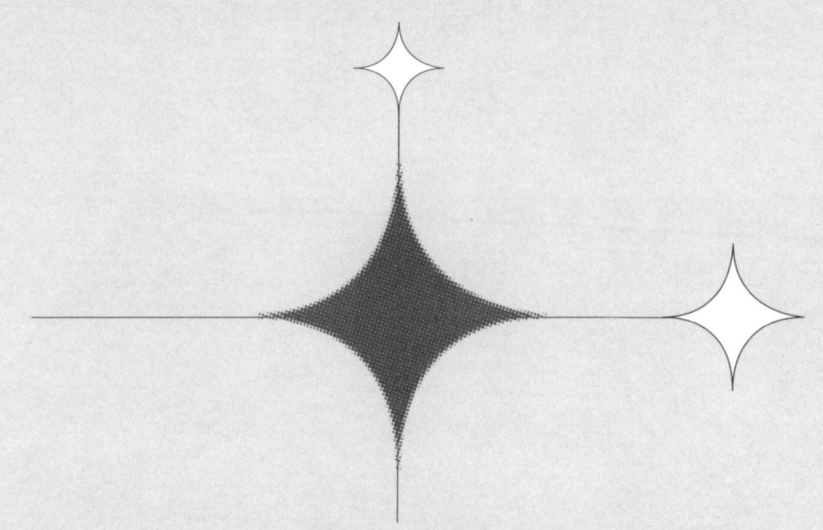

세 번의 고려

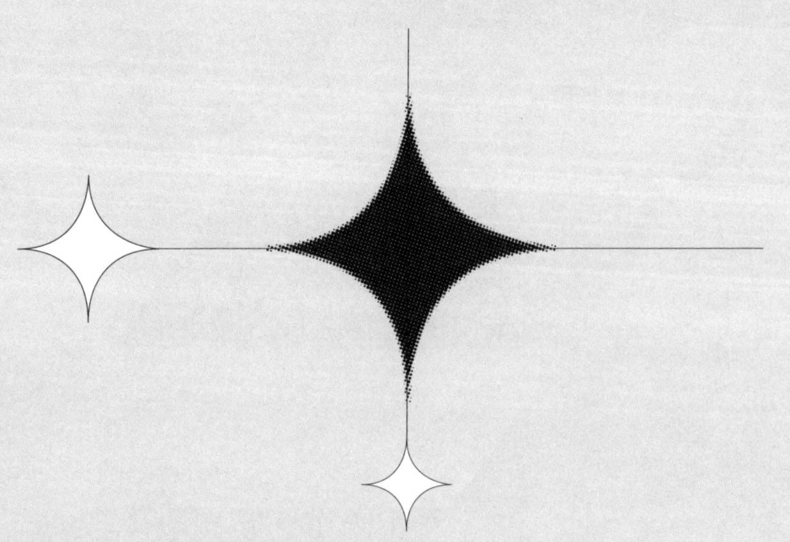

충주 고구려비는 국내에 유일하게 남아 있는 고구려 석비다. 장수왕이 449년(장수왕 37) 또는 480년(장수왕 68)에 남한강 유역의 여러 성을 공략하는 과정에서 세운 기념비로 추정하기도 하고, 506년(문자왕 16)에 세웠다는 견해도 있다. 높이 203센티미터, 폭 55센티미터, 두께 33센티미터의 4면에 모두 글이 새겨져 있지만 마모가 심해 읽을 수 없는 부분이 많은데, 특이하게도 글의 첫머리에 '고려대왕(高麗大王)'이라는 문구가 보인다. 다른 문구들을 보아 이 비는 고구려 때 새긴 것이 분명한데, 왜 '고구려'가 아니라 '고려'라고 표기한 걸까? 더 나아가, 고려시대의 국호 '고려'는 충주 고구려비의 '고려'와 어떤 관계일까?

고려대왕은 고구려 왕이다

결론적으로 말해, 918년 태조 왕건이 새 왕조를 건국하면서 사용한 국호 고려(高麗)는 삼국시대의 고구려(高句麗, 기원전 37~기원후

668)'에서 유래했다.《삼국사기》에 따르면, 고구려는 지금으로부터 2,000여 년 전(기원전 37년) 주몽이 건국한 나라다. 동부여에서 쫓겨난 주몽은 오이, 마리, 협보 등을 데리고 엄사수를 건너 압록강 유역의 졸본부여에서 나라를 세우고 이름을 '고구려'라 짓고, 고씨(高氏)를 성씨로 삼았다고 한다.[1] 그러나 이 이름은 고구려가 건국되기 70년 전인 기원전 107년 중국 한나라가 설치한 현토군에 소속된 현의 하나, 즉 고구려현으로 기록되어 있다.[2]

중국 문헌에 주로 '구려(駒麗)' 혹은 '구려(句麗)'로 기록되다가 점차 '고구려'라는 명칭이 등장했지만, 그 후에도 '구려', '고려'처럼 보통 두 글자로 더 많이 사용되었다. 따라서 고구려는 기본적으로 '구려' 혹은 '고려'로 불렸다. 구려는 성(城)을 뜻하는 '구루(溝漊)'와 같은 말로, 읍(邑)·동(洞)·곡(谷) 등을 뜻하는 '고을'과 통한다. 고구려는 '고'와 '구려'의 합성어다. '구려'에 '크다〔大〕', '높다〔高〕'는 의미의 '고'를 덧붙인 말로 '큰 고을', '높은 성'을 뜻한다.[3]

5세기 고구려는 중국 남조의 송(420~479)과의 외교관계에 집중했다.《송서》에 따르면, 423년(장수왕 11) 이후 고구려는 '고려'로 기록되기 시작했다. 고구려에서 고려로 명칭이 바뀐 것은 대체로 이 무렵을 전후한 시기다. 한편, 고구려는 435년 북위와 처음으로 공식 외교관계를 맺는데, 이 나라의 역사를 기록한《위서》에서도 '고려'로만 표기될 뿐 '고구려'는 없다.[4] 이렇게 표기가 바뀐 것은 427년 고구려가 평양으로 천도하면서 나라를 새롭게 바꾸려 했던 당대의 분위기와 관련이 있을 것이다. 앞서 언

충주 고구려비 한반도에서 발견된 유일한 고구려비로, 5세기 고구려에서 만든 것으로 추정된다. '고구려'를 '고려'로 기록하고 있다. 높이 2.03m, 폭 55cm, 두께 33cm. 충청북도 충주시 중앙탑면 용전리 입석마을 소재.

급한 충주 고구려비의 '고려대왕'은 '고구려 왕'을 가리키는 것으로, 5세기 전반기에 고구려가 고려로 표기되기 시작한 사실을 뒷받침한다.

고려 중기 김부식은《삼국사기》를 저술하면서 고구려의 역사를 다룰 때 전 시기에 걸쳐 '고구려'로만 표기했는데 이는 태조 왕건이 세운 고려와 구분하기 위해서였고, 실제로 주몽이 세운 고구려는 5세기 이후 고려라 칭해졌다.

'고려'를 부활시킨 궁예

고구려가 멸망하고 230여 년이 지난 901년, 궁예는 새 왕조를 창업하면서 '고려'라고 이름 지었다. 일연(1206~1289)은《삼국유사》〈왕력편〉에서 궁예의 고려를 삼국시대의 고구려와 구분해서 '후고려(後高麗)'라고 표기했다. 이후 국호는 마진(904), 태봉(911)으로 변화를 겪지만, 918년 태조 왕건은 궁예를 축출하면서 다시 '고려'를 내세웠다. 우리 역사에서 무려 세 왕조가 '고려(고구려)'라는 국호를 사용한 셈이다. 그만큼 고려는 역사적으로 유래가 깊은 국호다.

새 왕조를 건국한 궁예와 왕건은 왜 과거의 명칭을 간판으로 내세웠을까? 901년 궁예는 이렇게 선언했다.

> "지난날 신라가 당에 군사를 청해 고구려를 멸망시켜서 평양 옛 도읍이 무성한 잡초로 덮였다. 내 반드시 그 원수를 갚겠다."[5]

궁예는 옛 고구려의 역사와 영광을 회복하고 계승하여 삼한을 통합하기 위해 새 왕조 고려를 건국한다고 했다. 이러한 의지가 고려라는 국호를 채택한 이유다. 송악(지금의 개성) 성주이자 태조 왕건의 부친 왕륭이 귀부하자 897년 수도를 철원에서 송악으로 옮긴 것에서도 그 점을 확인할 수 있다. 건국 당시 궁예가 지배한 지역은 지금의 강원도와 송악·강화·김포·양주(서울)·충주·패강진 등 대부분 옛 고구려의 영토였다. 이 지역을 기반으로 건국했기에 이곳 세력의 호응을 얻기 위해서는 국호를 고려로 정하고 철원에서 송악으로 천도할 필요가 있었던 것이다.

그러나 궁예의 고구려 계승 의지는 오래되지 않아 변하기 시작했다. 904년 궁예는 국호를 마진(摩震)으로 고쳤다. 마진은 '마하진단(摩訶震旦)'의 줄임말로, '마하'는 크다, '진단'은 동방을 의미하므로 대동방국을 뜻한다.[6] 궁예는 자신의 통치력을 과시하는 자존의식을 담아 마진으로 국호를 바꾼 것이다. 국호를 변경한 그해에 도읍을 송악에서 다시 철원으로 옮기고 청주의 1,000호를 철원으로 이주시켰다. 공주의 호족 홍기(弘奇)도 같은 해에 궁예에게 의탁했다. 그 전해에는 왕건을 통해 후백제의 근거지 나주를 점령했다. 청주·공주·나주는 옛 백제의 전통이 남아 있는 친백제 성향의 도시다. 여기에 더해 상주와 경북 북부 등 신라의 영토를 확보했다. 이러한 영토 확장의 흐름 속에서 궁예는 특정 국가(고구려)를 계승하려는 통일 정책을 버리고 고구려·신라·백제를 아우르는 '대동방국' 건설이라는 새로운 통일 정책으로 전환한 것이다. 건국 당시 내세웠던 고구려 계승 의지는 이 과

철원 궁예도성터　904년 궁예는 국호를 마진으로 고치고 철원으로 천도했다. 《동국여지승람》 철원도호부(권47)에는 "궁예의 도읍지는 철원의 북쪽 27리 풍천벌에 있다. 외성의 둘레는 1만 4,421척(약 4,370m)이며 내성의 둘레는 1,905척(약 577m)인데, 절반이나 무너졌으며 궁터가 아직도 완연하게 남아 있다"라고 기록되어 있다.

정에서 후퇴했다.

911년 궁예는 국호를 다시 태봉(泰封)으로 고쳤다. 태봉의 '태'는 천지가 어울려 만물을 낳고 상하가 어울려 그 뜻을 같이한다는 뜻이다. '봉'은 봉토, 즉 영토다.[7] '태봉'은 서로 뜻을 같이해 화합하는 세상을 의미한다. 고구려·신라·백제를 아울러 조화를 이룬 통일 국가를 건설하겠다는 이상을 새로운 국호에 담은 것이다. 그러나 이후 궁예는 처자식까지 죽일 정도로 주변을 의심하고 날로 포악해졌고, 민심도 그에게 등을 돌리기 시작했다.

왕건을 고려 국왕으로 추대한 그의 심복이자 건국 공신 홍유, 배현경, 신숭겸, 복지겸은 궁예를 축출한 명분을 이렇게 밝혔다.

> "삼한이 분열한 이후 도둑 떼가 다투어 일어나자 지금 왕(궁예)이 그들을 무찔러 한반도의 땅을 삼분하고, 그 반을 차지하여 나라를 세웠습니다. 그런데 2기(二紀, 24년)가 넘었으나 통일을 하지 못한 채, 처자식을 죽이고 신하를 죽이는 잔학한 짓을 저질러 백성들이 도탄에 빠졌습니다."[8]

궁예는 고구려 계승 의지와 삼한 통합을 내세우며 새로운 나라를 세웠지만 건국 당시의 약속을 지키기는커녕 나라를 도탄에 빠뜨렸으니, 그를 축출하고 왕건을 새로운 군주로 내세워 삼한 통합을 완성해야 한다는 것이다.

위의 글에 특기할 점이 하나 있다. 918년 당시 궁예의 재위 시간은 18년인데, 2기(24년)가 지나도록 후삼국 통합을 이루지 못했다는 것은 무슨 뜻일까? 태조 왕건이 고려를 건국한 918년을 기준으로 24년 전은 894년으로, 궁예가 명주(지금의 강릉)를 점령한 해다. 당시 그를 따른 군사가 3,500명에 달했다. 궁예는 스스로 장군이라 칭하며 마침내 독립 세력이 되었다. 891년 세달사(강원도 영월 소재)의 승려 신분을 벗어던지고 죽주(안성 죽산) 호족 기훤의 휘하로 들어간 지 3년 만에 영웅으로 등장한 것이다. 고구려

부흥을 표방하여 민심을 얻은 궁예가 894년의 시점으로부터 2기 동안 삼한 통합에 실패하자, 왕건은 다시 고구려 계승을 명분으로 고려를 건국했다. 무엇보다도 국호를 고려로 정한 것은 새 왕조가 고구려의 계승자라는 포부를 드러낸 것이다.

918년 고려를 건국한 뒤 곧바로 송악으로 천도한 태조 왕건은 3개월 뒤인 그해 9월 고구려 옛 수도 평양을 재건하고 그곳을 북진정책의 근거지로 삼으려 했다.

"평양은 (고구려의) 옛 도읍으로, 황폐한 지 비록 오래지만 터는 그대로 남아 있다. 그러나 가시덤불이 무성해 번인(蕃人)이 그 사이를 사냥하느라 옮겨 다니고 이로 인해 변경 고을을 침략하니 그 피해가 매우 크다. 마땅히 백성을 이주시켜 그곳을 튼실하게 하여 변방을 튼튼하게 함으로써 백세(百世)의 이익이 되도록 해야 한다."[9]

궁예가 전진기지로 정한 송악보다 더 북쪽에 있는 평양을 중시한 것인데, 태조가 평양(서경)을 새롭게 건설한 목적은 무엇이었을까? 그로부터 15년이 지난 932년(태조 15)에 언급한 말에서 그의 의도가 보인다. "근래에 서경 보수를 완료하고 백성을 옮겨 그곳을 채운 것은 땅의 기운을 빌려 삼한을 평정하고 장차 그곳에 도읍하기를 바랐기 때문이다."[10] 삼한을 통합한 후에는 평양으로 천도하려는 뜻을 내비친 것이다.

제2의 고구려를 추구한 고려

태조 왕건은 통합전쟁을 치르는 와중에도 평양을 중시하고 그곳을 보수해 삼한 통합 후 도읍지로 삼으려 했다. 궁예가 권력을 장악하기 위한 정치적 구호로 사용한 것에서 한 걸음 더 나아가 고구려 계승 의지를 고려의 건국이념으로 천명한 것이다. 고구려 계승 의지는 태조 이후에도 이어졌다.

먼저, 993년(성종 12) 고려를 침략한 거란의 장수 소손녕과 화의를 청하는 고려 장수 서희의 대화에서 그 점을 엿볼 수 있다.

"고려는 신라 땅에서 일어났고, 고구려 땅은 우리 소유인데 고려가 침략하여 차지했다. 그리고 고려는 우리와 국경을 접하고 있는데도 바다를 넘어 송과 관계를 유지하고 있다. 그 때문에 오늘의 출병이 있게 되었다. 만약 고려가 (옛 고구려의) 땅을 떼어 바치고 우리와 관계를 맺는다면 무사할 것이다."[11]

소손녕의 말에 서희는 다음과 같이 답했다.

"아니다. 고려야말로 고구려를 계승한 나라다. 그 때문에 국호를 '고려'라 하고 평양에 도읍한 것이다. 땅의 경계를 따지자면 거란의 동경(東京)도 모두 우리의 경계 안에 있다. 어찌 (고려가) 침범했다는 말인가? 또 압록강 안팎도 우리 영토인데 지금 여진이 그 땅을 훔쳐 살면서 완악하고 교활하게 거짓말을 하며 길을 막고 있으니, (거란으로 가기가) 바다 건너기보다 더 어렵다. 두 나라가 통교하지 못하는 것은 여진 때문이니, 만약 여진을 쫓아내고 우리 옛 땅을 돌려주어 성과 요새를 쌓고 도로를 통하게 해준다면 어찌 감히 통교의 예를 행하지 않겠는가?"[12]

이처럼 서희는 고구려를 계승해서 국호를 고려라 하고 고구려의 옛 수도 평양에 도읍했다는 점을 분명히 하고, 더 나아가 거란의 동경 지역(요양遼陽과 심양瀋陽)이 과거 고구려의 영토였음을 밝히고 있다. 왕건이 고려 건국 직후 고구려 계승 의지의 하나로 평양을 재건하려 한 사실이 서희의 발언에서도 묻어나 있다.

고구려 계승 의지는 고려 후기에도 변함이 없었다. 공민왕은 1369년(공민왕 18) 12월과 1370년(공민왕 19) 두 차례에 걸쳐 동북면 원수 이성계와 서북면 원수 지용수에게 요동 지역에 있던 동녕부를 정벌하라고 명했다.《고려사》에 당시 고려가 이 지역을 고려의 영토로 간주했음을 보여주는 대목이 보인다.

강계만호부(江界萬戶府)에 명령하여 요심(요양과 심양) 지역의 사람들에게 방을 붙여 타이르게 했는데, 그 방에 이르기를, "요양(遼陽)은 원래 우리나라의 국경이고, 대군이 또한 출동했으니 선량한 사람들까지 피해가 갈까 두렵다. 압록강을 건너와 우리나라의 백성이 되기를 원하는 자는 관청에서 양식과 종자를 지급하여 각기 생업이 안정될 수 있게 하겠다"라고 했다.[13]

고려 전기에 서희가 지금의 만주 요동 지역이 고구려의 영토였다고 밝힌 바 있는데, "요양은 원래 우리나라의 국경〔遼陽元是國界〕"이라는 기록을 통해 고려 전기의 고구려 계승 의식이 고려 말까지 면면히 이어졌음을 알 수 있다. 이같이 '고려'라는 국호 속에는 고려왕조가 고구려를 계승하여 고구려의 영토뿐 아니라 고구려가 누렸던 동북아시아 강국의 지위를 회복하고자 했던 강렬한 열망이 담겨 있다.

—

'고려'는 21세기 현재에도 살아 있다. 잘 알려진 대학의 이름은 물론 여러 기업체의 명칭으로도 사용되고 있다. 1990년대 후반 122명의 철학 교수를 대상으로 한 설문조사에서 통일 후 국호를 바꾸어야 할 경우 그 대안으로 고려(20퍼센트)를 떠올린 사람이 가장 많았으며, 조선(5퍼센트)이 그다음이었다.[14] '고려'는 남북한이 공통으로 사용하는 영문 이름 'Korea'의 근원이라는 점에서, 장차 통일 국가의 명칭으로 활용될 가능성이 높은 상징성을 지닌 국호이다. 삼국시대, 후삼국시대, 고려시대를 거치며 부활을 거듭한 '고려'가 언젠가 다시 등장해 존재감을 드러낼 것으로 기대해 본다.

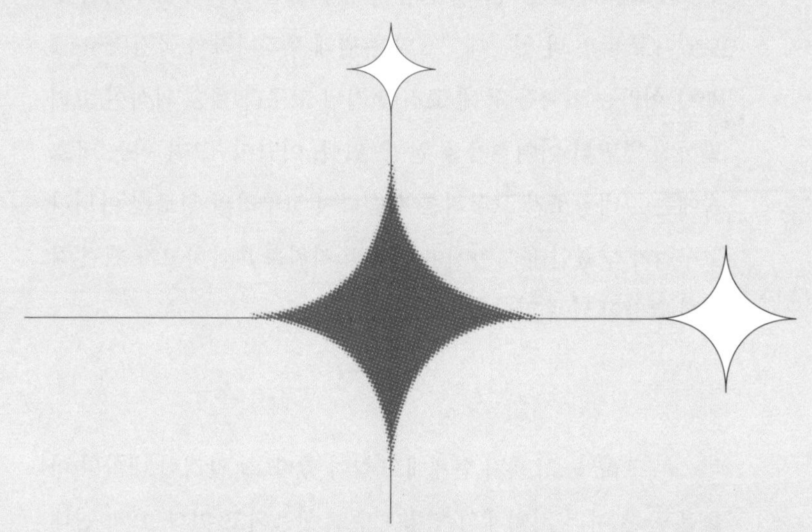

Korea의 기원

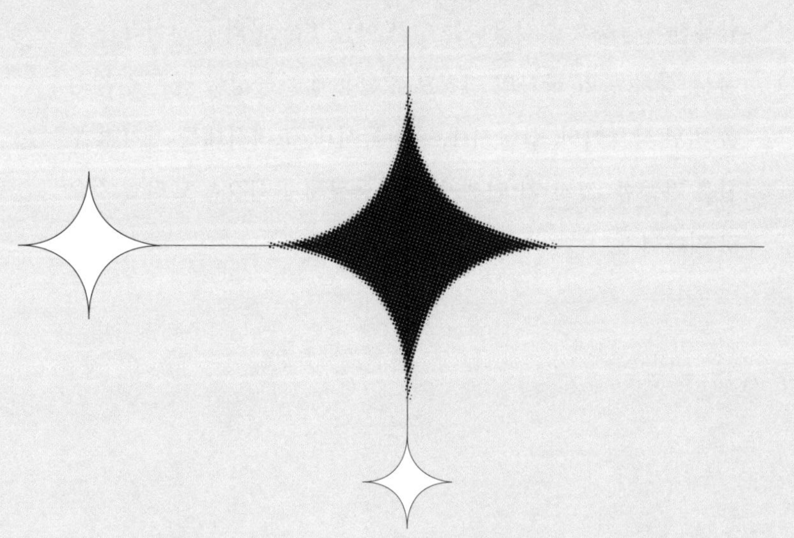

1991년 한반도 최초로 남북 단일팀이 구성되었다. 1945년 38선을 기준으로 분단된 지 46년 만의 일이었다. 1991년 일본 지바 세계탁구선수권대회에 남과 북이 한 팀을 이루어 참가했는데, 현정화(한국)와 리분희(북한)가 여자 단체전 우승을 이끌어 전 세계의 주목을 받았다. 남과 북은 같은 해 포르투갈에서 열린 세계청소년축구대회에도 단일팀으로 출전해 8강 진출에 성공하기도 했다. 그해에 두 단일팀이 사용한 이름은 '코리아'였다. 대한민국의 공식 영문 국호 Republic of Korea(ROK)와 북한의 공식 영문 국호 Democratic People's Republic of Korea(DPRK)에서 공통분모를 가져온 것이다. 이후 'Korea'는 남북한 모두를 아우르는 한반도를 상징하는 용어가 되었다.

Korea는 우리나라 사람들이 국내용으로 사용하는 호칭이 아니라, 역사적으로 서방세계가 우리나라를 지칭할 때 사용하는 말이다. 그렇다면 현재 대한민국의 영문 국호는 어떤 과정을 거쳐 지금의 Korea가 된 걸까?

유럽, 몽골제국을 통해 고려를 인식하다

한반도가 동아시아 세계(중국, 일본, 인도차이나) 너머의 나라(왕조)들에 처음 알려진 것은 언제였을까? 통일신라시대인 828년 장보고(?~846)는 지금의 전라남도 완도에 청해진을 세워 당나라 등 외부 세계와 해외무역을 했다. 이때 중국의 산둥반도에 신라인들이 거주하는 신라방이 있었고, 장보고가 세운 법화원(法華院)이라는 사찰도 있었다. 이 지역에 아랍 상인들도 진출해 있어서 신라인들과 접촉했다. 9세기 아랍의 지리학자 이븐 쿠르다드비(Ibn Khurdādhbih)가 쓴 《제(諸)도로와 왕국 총람》(846~847)에 "중국 동쪽에 산이 많은 'Shila'라는 나라가 있다"는 기록이 보인다. 한반도가 동아시아 세계 이외의 지역에 알려질 당시의 호칭은 Shila였다. Shila는 한반도 지역이 동아시아 바깥 지역과 최초로 접촉한 시기가 통일신라시대였음을 알려주는 상징어였다.

한반도가 유럽 등 서방세계에 알려진 것은 고려시대이며, 그 매개 역할을 한 것은 몽골제국이다. 몽골제국은 13~14세기에 서쪽으로 동유럽, 동쪽으로 고려에 이르기까지 유라시아대륙의 대부분을 차지하는 대제국을 건설했다. 유럽과 아시아가 하나로 연결되면서 '대여행의 시대'가 시작되었다. 몽골제국과 유럽 사이에 인적, 물적 교류의 폭이 넓어져 상대 지역들에 관한 정보가 풍부해졌다.[1] 고려는 이러한 세계사적 대변동 속에서 서방세계에 처음으로 알려지게 되었다.

당시 유럽의 교황과 국왕들은 이슬람 세력에 공동 대응하기 위해 몽골에 선교사를 파견했고, 서방세계 상인들도 몽골제국이 연결해 놓은 길들을 따라 아시아 세계로 진출하기 시작했다. 그러면서 고려왕조의 모습도 이 선교사와 상인 들에게 조금씩 알려졌다. 그들은 고려를 직접 방문하지는 않았지만, 몽골인들을 통해 간접적으로 고려에 대한 정보를 얻어 기록으로 남겼다.

가장 먼저 주목할 두 인물은 카르피니와 루브룩이다. 교황 인노첸시오 4세(재위 1243~1254)는 몽골과 연합해 이슬람 세력을 제압하기 위해 프란체스코회 수도사 카르피니(1182?~1252?)를 몽골제국으로 파견했다. 1246년(고종 33) 8월 몽골제국 수도 카라코룸에 도착한 카르피니는 칭기즈 칸의 손자 구육 칸(재위 1246~1248)의 즉위식에 참석하고, 신임 칸에게 교황의 서한을 전달했다. 아쉽게도 구육 칸과 직접 만나지는 못했지만, 당시 몽골을 견문한 기록《몽골인의 역사》를 남겼다.

이 책에는 구육 칸의 즉위식에 관한 내용이 있는데, 참석한 외국 사신들의 이름 가운데 '솔랑게스(Solanges)의 왕자'라는 이름이 보인다. '솔랑게스'는 몽골어로 고려 또는 고려인을 뜻한다. 이는 서양인에게 포착된 고려인에 관한 최초의 기록이다. 그렇다면 수도사 카르피니가 목격한 고려 왕자는 누구일까? 1241년 볼모로 몽골에 온 영령공 왕준(1223~1283)이나 왕준의 사촌으로 1245년 10월 몽골에 갔다가 1249년 2월 귀국한 신안공 왕전(?~1261)일 가능성이 높다.[2]

《원사(元史)》에 따르면, 원 황제 순제의 제2 황후인 기황후를 한자로 '숙량합씨(肅良合氏)'라고 했다.[3] 숙량합씨는 '솔랑게스'

를 한자로 음차한 것으로 고려인을 의미한다.[4] 만주어, 즉 여진어로는 조선을 Soloho라고 했다.[5]

Korea의 기원, Caule

카르피니가 다녀가고 나서 몇 년 뒤, 프란체스코회 수도사 루브룩(1220~1293)이 프랑스 국왕 루이 9세(재위 1226~1270)의 사절로 1253년(고종 40) 12월 27일 몽골제국의 수도 카라코룸에 도착했다. 구육 칸의 뒤를 이어 즉위한 뭉케 칸(재위 1251~1258)을 만나 가톨릭으로 개종하고 이슬람 세계에 맞서 함께 싸울 것을 제의했으나 거절당했다. 그가 1255년 귀국해서 쓴 보고서《몽골제국 여행기》에 다음과 같은 내용이 있다.

> 중국의 동쪽 물 건너에 Caule가 있다. 겨울에 바다가 얼어붙는 섬 Caule와 Manse에서 온 사신을 만났다.[6]

> Caule 사람들은 섬에 산다. 겨울에 얼어붙은 물 위로 몽골족이 쳐들어오는 것을 막기 위해 매년 3만 2,000투멘의 금·은궤를 바친다.[7]

여기에서 Caule는 고려, Manse는 남송이다. 위 기록에서 Caule 사람들이 사는 섬은 고려가 몽골 침략을 방어하기 위해 천도한 강화도로 짐작된다.[8] 루브룩은 왜 고려를 Caule로 표기했을까? 중국인들은 고려를 'gaori'와 유사하게 발음했는데, 남방계 언어(칸토니즈)는 '까오리', 북방계 언어(만다린)는 '까우리'에 가깝다. 둘 다 빨리 발음하면 '꼬리'로 들린다. 루브룩은 중국인들의 발음을 듣고 고려를 'Caule'로 표기한 것이다. 이는 유럽인들이 고려왕조의 '고려'를 로마자로 표기한 최초의 사례다.

다음은 마르코 폴로(Marco Polo, 1254~1324)가 남긴 기록을 보자. 그는 1271년 아버지, 숙부와 함께 동방 여행길에 올랐다. 쿠빌라이 칸의 신하가 되어 몽골에서 17년간 머물다가 1295년 고향 베네치아로 귀환했다. 피사 출신의 작가 루스티켈로에게 자신의 몽골 여행담을 구술한 것이 책으로 나왔으니 바로 유명한《동방견문록》이다.[9]

마르코 폴로는 1288년 쿠빌라이 칸이 배다른 형제인 나얀이 일으킨 반란을 진압한 후 그를 처형한 사실을 기록했는데, 여기에 고려에 대한 언급이 보인다.

이렇게 해서 대카안(쿠빌라이)이 전투에서 승리를 거두자 모든 병사와 신하가 와서 복속했다. 내가 그 네 지방의 이름을 말해주겠다. 첫째는 초르차(Ciorcia), 둘째는 카울리(Cauli), 셋째는 마르스콜(Barscol), 넷째는 시킨팅주(Sichintingiu)다.[10]

여기서 카울리가 바로 고려를 중국식 발음으로 옮긴 것이다. 한편, 마르코 폴로의《동방견문록》은 14~15세기에 쓰인 100여 개의 필사본이 오늘날까지 전한다. 1477년 첫 인쇄본이 독일어로 나온 이래 여러 나라에서 번역본이 나왔는데, 고려는 Cauly, Carli, Kauli, Kaoli 등으로 표기되었다.

뭉케의 아우 훌레구는 이슬람 세계를 공격해 1258년 아바스왕조의 수도 바그다드를 점령하고 이란과 소아시아 일대에 일칸국(1258~1393)을 건설했다. 1295년 일칸국의 7대 칸 가잔이 재상이자 의사인 라시드 앗 딘(?~1319)에게 몽골제국의 역사서 편찬을 명했고, 1311년 그는 몽골제국을 건설한 여러 군주의 연대기를 담은《집사(集史)》를 완성했다. 이 책은 중국, 인도, 아랍, 튀르크, 유럽, 유대 등 여러 민족의 역사뿐 아니라 고려에 관해서도 언급했는데, 고려를 원나라 12개 성(省) 가운데 하나로 서술했다.

> 제3의 성은 Kao-li(고려)와 Kao Kau-li(고구려)로 구성된다. 이 국가들은 (원나라) 국경 변방에 위치하며 왕국의 정체를 갖고 있다. 그곳에서는 임금을 왕(Wank)이라 부른다. 쿠빌라이 칸이 공주를 그곳의 왕에게 시집보냈다. 그 자식은 칸과 밀접한 관계를 맺고 있는데도 왕위에 오르지 못했다.[11]

라시드 앗 딘은 루브룩이나 마르코 폴로가 중국인들에게 들은 것과 똑같이 고려를 Kao-li(고려)로 표기했다. C 대신 K를 사용한 것은 페르시아어로 쓴 어휘를 로마자로 전사하는 과정에서 국제어가 되다시피 한 영어를 따랐기 때문이다. Kao-li의 'ao'의 음가를 사용한 것은, 라시드 앗 딘이 해로로 중국 남부를 드나든 아랍인을 많이 만났기 때문일 수도 있다.[12]

위 기록에서 쿠빌라이 칸의 공주가 낳은 왕자는 충선왕을 가리킨다. 사실 충선왕은 즉위하자마자 퇴위해서 원에서 약 10년 간 머물다가 복위했다. 라시드 앗 딘은 이러한 사실을 잘못 알고 "왕위에 오르지 못했다"고 기록한 것이다.

고려와 고구려의 '려'의 음가(音價, 소릿값)는 지금과 달랐다. 한글 반포 후 가장 먼저 출간된 언해본《용비어천가》(1447)에 따르면, 고려의 '려'의 음가는 '리(离)'로, 당시 고려는 '고리'로 읽혔다. 고구려 역시 '고구리'였다. 한글 반포한 후 운서가 필요해 명의《홍무정운》을 대본으로 하여 한글로 중국 음을 표기한《동국정운》(1448)에 따르면, '려'는 '례'(거성)나 '리'의 두 가지로 읽힌다. 위에서 언급한 두 책은 모두 1446년 훈민정음이 반포된 직후 편찬된 책이다. 한편, 중국의《신당서》와《자치통감》에서는 고려의 음가를 모두 '고리'로 표기하고 있다.[13] 이와 같이 13세기 당시 유럽에서 고려를 'Cauly', 'Carli', 'Kauli', 'Kaoli' 등으로 표기한 것은 당시의 음가인 '고리'에서 유래했음을 알 수 있다.

Corea와 Korea가 함께 통용된 이유

참고로 서양 고지도에 우리나라 영문 표기가 처음 등장한 것은 1595년 테이세이라(Luis Teiseira)가 만든 지도와 랑그렌(Henricus F. van Langren)이 그린 해도다. 여기에 우리나라는 Corea로 표기되어 있다. 17세기 제작된 서양의 고지도에서 우리나라 국호가 표기된 21종은 모두 Corea로 표기되어 있다. 18세기에 제작

테이세이라의 지도 테이세이라가 제작하고 오르텔리우스가 1595년 《지구의 무대 (Theatrum Orbis Terrarum)》에 수록한 것으로, 한반도와 일본열도만 그려진 최초의 서양 지도다. 한반도를 처음으로 'Corea'라고 표기했다.

된 127종의 경우 Corea는 103종, Korea는 24종이다. Korea는 1734년 키릴로프(Ivan Kirilov)가 제작한 지도에 처음 등장한다. 19세기 지도에 Corea는 55종, Korea는 3종뿐이다. 따라서 19세기 까지 우리나라에 대한 영문 표기는 Korea보다는 Corea가 훨씬 더 일반적이었다. 한편, 영어권 국가의 경우 영국에서 제작한 87종 의 지도 가운데 67종이 Corea, 20종이 Korea로 표기되어 있다. 미국은 23종 가운데 Corea는 18종, Korea는 5종이다. 지도에 Korea 로만 표기되기 시작한 것은 20세기 이후의 일이다.[14]

키릴로프의 〈러시아제국 총도〉 1734년 키릴로프가 제작한 러시아제국 총도. 우리나라를 Korea라고 표기한 최초의 지도다.

Cauly, Carli, Kauli, Kaoli는 모두 음가가 같지만, 첫 글자를 각각 C와 K로 다르게 사용하고 있다. 이것이 뒷날 Corea와 Korea로 이어졌다. 프랑스어에서는 코리아를 'Corée'로 표기하는 반면, 독일어와 러시아어에서는 '고'의 음가가 K다. 각국의 음가 표기가 달라서 각각 'Corée'와 'Korea'로 표기된 것이다.

그러나 시간이 지남에 따라 우리나라는 물론 미국, 영국, 일본에서 'Corea'와 'Korea'가 번갈아 사용되었는데, 그 역사적 배경을 살펴보자.

조선왕조는 서구 열강 및 일본과 접촉하면서 영문 국호를 Corea와 Chosun, 두 가지로 표기했다. 1880년 미국 해군 제독 슈펠트(Robert W. Shufeldt)는 일본인의 주선으로 조선 정부에 보낸 문서에서 조선 정부를 'Great Corea'로 호칭했다. 이를 계기로 조선 정부에서는 국호 영문 표기 문제를 처음 인식하게 되었다. 당시 조선 정부는 'Corea'를 수용할 수 없다고 했다. 고려에서 유래한 Corea가 조선 정부의 국호일 수 없기에, 'Great Corea' 대신 'Great Chosen'을 요구한 것이다. 1882년 조미수호통상조약 체결과 1883년 조선 정부의 미국 사절단 파견 당시에도 'Chosen'을 고수했다. 이같이 조선 정부는 Corea보다는 조선의 국호를 소리대로 적은 Chosen을 사용하려 했다. 그러나 서구 열강은 조선 정부의 의지와 상관없이 국제사회의 관행대로 Corea로 표기했다. 1887년 3월 박정양이 초대 주미공사로 임명되고 나서 워싱턴에 개설한 주미공사관이 1905년 11월 을사늑약 때까지 유지되었는데, 당시 주미공사관에서 사용한 국호는 Korea였다. 이 무렵부터 조선 정부는 Korea를 영문 국호로 사용했다.[15]

미국 정부의 경우 조선과 조약을 맺을 때 조선의 영문 국호를 Corea로 표기했으나 19세기 후반 문서에는 Corea와 Korea가 모두 나타난다. 한국어에서는 C나 K가 '크'로 발음되지만, 영어에서는 C가 '스'로 발음되는 경우가 많다. 이런 혼선이 생길 수 있다는 이유로 1890년대 이후에는 영문 표기가 Korea로 일반화되기 시작했다. 이러한 결정에는 미국 선교사나 선교본부의 입장이 반영되었다.

그러나 이렇게 일반화하기 어려운 측면도 있다. 1891년 미국무성이 조선의 국호 영문 표기를 Korea로 통일했는데도 일반 언론에서는 Corea를 주로 사용했다. 특기할 점은 미국 동부에서 Korea의 사용 빈도가 높았다는 것이다. 이러한 현상은 앵글로색슨 문화와 라틴 문화의 언어 차이에서 기인하는 것으로 추정된다. 예를 들면, 미국이 에스파냐에서 사들인 플로리다와 프랑스에서 사들인 루이지애나 지역에서는 Corea로 표기했다. 한편, 언어의 표기는 공문서를 기준으로 정하더라도 그것이 보편적으로 적용되려면 장시간이 걸린다. 17~19세기까지 프랑스어는 유럽 귀족과 세계 외교관의 공식 언어이기도 했다. Corea가 Korea의 확산을 더디게 한 원인이다.[16]

일본 정부는 조선 정부와 조일수호조규를 맺을 때 우리나라 국호를 Corea로 표기했다. 1870년대와 1880년대 일본에서 나온 출판물도 Corea와 Chosen으로 표기했다. 그러나 1890년대부터 Corea보다 Korea의 빈도수가 높아졌다. 1903년 일본인 학자들이 편찬한 영문 책자《로마자 색인 조선 지명 자휘》에서 조선을 Korea로 표기했다. 특히 러일전쟁 이후 일본을 재인식한 서구 국가들이 일본에서 편찬된 책의 내용을 수용해 우리나라를 Korea로 표기하면서, Korea 영문 국호는 보편화되었다. 그리고 일본이 1910년 우리나라를 강점하면서 우리나라를 가리키는 영문 표기는 Korea 혹은 Chosen으로 정착되었다.[17]

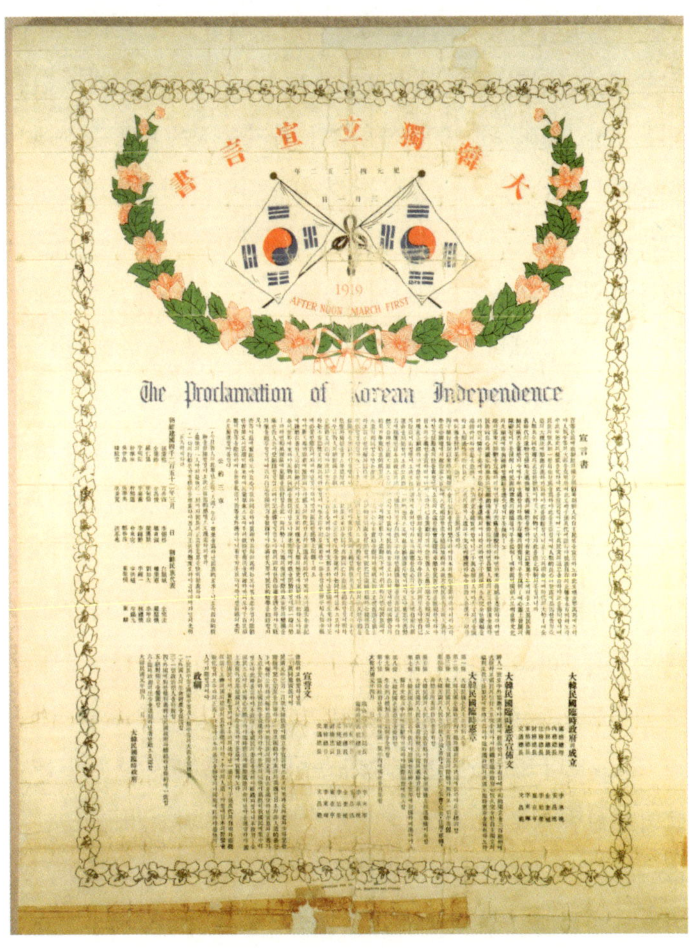

대한민국 임시정부가 발행한 독립선언서 1919년 3·1운동과 상하이 임시정부 수립을 계기로 일제의 식민 통치를 부정하고 주권 회복을 선언한 문서다. 문서 중간에 'The Proclamation of Korean Independence'라는 표기가 보인다.

—

장구한 시간을 거쳐 오늘날에 이른 우리나라 국호 Korea! 이제는 국제 외교무대나 외국인이 쓴 세계사 책에서만 사용되는 용어가 아니다. Korea는 이제 세계인들에게 K-wave라는 형태로 현대 대한민국의 문화현상을 상징한다. 대한민국을 상징하는 영문의 첫 글자 K에 다양한 문화현상이 붙어 K-pop, K-drama, K-culture 등으로 국내와 해외에서 널리 통용될 정도로, 'K' 역시 대한민국을 상징하는 용어가 되었다. Korea는 이제 국호 그 이상의 의미로 확장되어 전 세계인에게 우리를 알리는 상징적인 기호 역할을 하고 있다.

강소국의 군사 저력

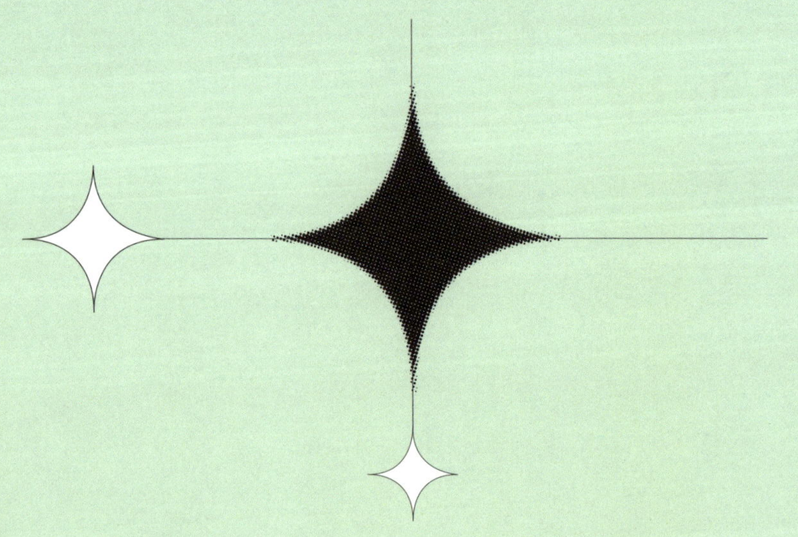

글로벌파이어파워(GFP)의 보고서(2026년 1월)에 따르면, 대한민국은 재래식 무기 면에서 세계 5위의 군사 강국이다. 하지만 마냥 긍정적으로만 볼 수는 없는 것이, 세계에서 가장 복합적인 안보 환경에 놓여 있기 때문이다. 휴전선을 마주하고 있는 북한과 비교하면, 재래식 무기는 앞서 있으나 핵 억제라는 차원에서는 변수가 있다. 여기에 더해 미국, 중국, 러시아, 일본 등 주변 군사 강국들이 서로의 이해를 놓고 다양한 형태로 대립, 충돌하고 있다는 점도 우리에게는 안보상 큰 위협이 된다.

이처럼 '군사 강국들에 둘러싸인' 21세기 대한민국의 상황은 약 1,100년 전에 건국되어 500년 가까이 존속했던 고려의 모습을 떠올리게 한다. 당시의 고려도 주변 강대국들에 둘러싸여 큰 고통을 겪었다. 중국대륙의 송나라 그리고 거란(요)·여진(금)·몽골(원) 등 강력한 군사력을 보유한 유목 국가들이 차례로 등장해 고려를 외교적으로 압박하거나 영토를 차지하기 위해 무력으로 침략했다. 고려는 특히 거란, 몽골과는 각각 약 25년과

30년 동안 장기전을 치러야 했다. 그뿐인가? 고려 말 홍건적과 왜구의 침입으로 입은 피해도 작지 않았다. 우리나라 역대 왕조 가운데 이렇게 장기간 전쟁을 겪은 왕조는 고려가 유일하다. 그런 와중에도 고려는 500년 가까이 존속했고, 주변 국가들과 화전(和戰) 양면의 정책을 펼치며 끝까지 왕조의 정체성을 지켜냈다. 그렇다면 그 원동력은 무엇이었나?

오직 고려의 전함만 온전했다

고려는 상대적으로 많은 군사를 보유했다. 《송사》〈고려전〉에 따르면, 고려 인구는 210만 명인데, 군인·백성·승려가 각각 3분의 1이라고 했다. 군인이 전체 인구의 3분의 1이나 된다. 이 기록은 12세기 당시의 것이다. 불교가 다른 사상과 종교보다 주도적인 위치에 있었으니 승려 수가 많은 것은 이해가 된다. 그런데 군인의 수가 승려와 같다는 사실은 무척 놀랍다. 이 기록을 사실로 받아들일 수 있을까?

고려는 후백제, 통일신라와 약 50년간 이른바 후삼국 통합 전쟁을 치르면서 등장한 왕조다. 건국 후에도 거란 및 몽골(원)과 오래도록 혹독한 전쟁을 치렀다. 그 과정에서 전체적인 군사력이 커지는 가운데 군사의 수도 크게 늘어났을 것이다. 10세기 중반 광종 대에 거란의 침입에 대비해 광군(光軍) 30만을 조직했고, 12세기 전반 여진 정벌 당시 17만 군대를 조직했다는 기록이 있다. 심지어 군인들이 세운 무신정권이 약 100년간 유지되었을 정도로 고려에서 군사력은 물론 군인의 위세가 높았다.

다음으로는 독자의 무기를 제작할 정도로 우수한 군사기술을 들 수 있다. 여기에서는 한 가지 요소, 고려의 전함을 중심으로 살펴보고자 한다.

> 세자(충선왕)가 황제를 뵈었을 때 … 정우승(丁右丞)이란 자가 아뢰기를, "(2차 일본 정벌 때) 강남(江南, 남송)의 전함은 크기는 하지만 부딪치면 깨어졌습니다. 정벌에 실패한 원인입니다. 만약 고려에서 다시 배를 만들게 해 일본을 치면 성공할 것입니다"라고 했다.[1]

선체는 크지만 쉽게 파손된 남송 전선의 취약점을 언급하면서, 정벌에 성공하기 위해서는 고려에서 배를 만들 것을 원 황제에게 주문한 내용이다. 고려의 전함이 튼튼해 실전에 매우 유용하다는 것이다. 당시 한 중국인이 일본 정벌 당시 "크고 작은 전함이 파도에 휩쓸려 많이 부서졌으나 오직 고려의 전함은 튼튼해 온전했다"[2]고 증언한 사실도 이를 뒷받침한다.

고려는 적은 비용으로 빠르게 배를 만들었을 뿐 아니라 중국 전선보다 단단하고 견고한 독특한 선체 구조의 선박을 제조할 수 있는 기술을 보유하고 있었다. 그런 기술로 만든 선박을 고려선(高麗船)이라 한다.

고려의 조선 기술에 대해서는 최근 발굴된 일본 자료를 통해서도 확인할 수 있다. 《고려사》에 따르면, 1019년(현종 10) 4월

고려선 항해의 안전을 기원하는 '황비창천(煌丕昌天, 크게 빛나는 창성한 하늘)'
이라는 명문이 새겨진 구리 거울이다. 고려시대 선박의 모습을 엿볼 수 있다.

고려는 진명선병도부서(鎭溟船兵都府署, 함경도 덕원 소재)에서 여진의 해적선 8척을 나포했고, 이때 잡혀 있던 일본인 남녀 259명을 일본에 돌려보낸 사실이 있다.[3] 그런데 당시 귀국한 일본인이 전투에 사용된 고려 병선(兵船)을 목격하고 남긴 기록이 발견되었다. 여기에는 당시 고려 병선의 특징이 잘 묘사되어 있다.

> 고려국의 병선 수백 척이 쳐들어가 적(여진)을 치자, 적들은 힘을 다해 싸웠으나 고려군의 사나운 기세 앞에 적수가 되지 못했다. 고려의 병선은 선체가 높고 크다. 무기가 많이 있어 배를 뒤집고 사람을 죽이자, 적들이 고려군의 용맹을 감당할 수 없었다. … 뱃머리는 적선과 충돌하여 깨부수기 위해 선체 바깥에 쇠로 만든 뿔이 있다. 선내에는 철갑옷, 크고 작은 칼과 갈퀴 등의 무기가 준비되어 있다. 적선에 던져 배를 깨부수기 위한 큰 돌〔大石〕들도 준비되어 있다.[4]

위 기록에 따르면, 고려 군선은 뱃전에 짧은 창검을 빈틈없이 꽂아놓아 적이 배 안에 뛰어들지 못하도록 했는데 이를 과선(戈船)이라 불렀다. 이런 형태의 고려 전기 과선은 고려 말부터 조선 초 사이에 검선(劒船)이라 불렸다. 고려선 기술은 조선왕조로 계승되어 우리나라 전통 선박 한선(韓船)의 기원이 되었으며, 임진왜란 때 구선(龜船·거북선) 제작으로 이어졌다.[5] 고려선 제작 기술은 이같이 조선시대 중기까지 계승되었다.

태조 왕건의 재정·경제 정책을 통해서도 당시 고려 군사력의 일단을 간접적으로 확인할 수 있다. 조선 후기 역사가 이익(1681~1763)은 고려 태조가 후삼국 통합에 성공한 원인으로 세금을 대폭 줄여 민심의 지지를 얻은 사실을 언급한 바 있다. 《성호사설》에 따르면, 궁예는 1결에 6석을 거두었으나 태조는 궁예에 비해 세금을 3분의 1로 줄였으며 이 조세 정책이야말로 민심을 얻어 전쟁을 승리로 이끈 획기적인 정책이라는 것이다.[6]

태조는 전쟁이 끝난 940년(태조 23) 역분전(役分田)을 도입했다. 후삼국 통합전쟁에서 공을 세운 신하들과 군사들에게 성품과 공로의 크고 작음을 기준으로 토지를 분급한 제도로, 훗날 문종 대에 전시과 제도로 정착했다. 고려 말 전제 개혁을 주도한 사대부들은 이 제도의 효과를 다음과 같이 평가했다.

삼한이 이미 통일되자 토지제도를 정하여 신민에게 나누어 주었다. 백관에게는 품계에 따라 지급했다가 사망하면 회수했다. 부병은 20세에 받았다가 60세에 반환했다. … 부위(府衛)의 병사와 주·군·진·역의 리(吏)가 각각 (지급받은) 토지의 소출을 먹고 정착하여 편안하게 자기 일에 종사하니 나라가 부강해졌다. 비록 요와 금이 천하를 넘보면서 우리와 국토를 맞대었을지라도 감히 나라를 침범하지 못한 것은 우리 태조가 삼한의 땅을 나누어 신민과 더불어 그 녹(祿)을 향유하고 생업을 넉넉하게 하여 그들의

마음을 결속하여 국가 천만세(千萬世)의 원기(元氣)로 삼았기 때문이다.[7]

관리에서 군인, 향리에 이르기까지 국가에 대해 역을 진 사람에게 토지를 나누어 준 이 정책 덕분에 잇따른 외침에도 왕조가 유지될 수 있었다는 것이다. 든든한 재정·경제 시책이 강한 군대를 만드는 근본이 됨을 말해준다.

고려의 군사력은 조선시대에 어떤 평가를 받았을까? 조선 후기 역사가 홍양호(1724~1802)는 삼국 12명, 고려 22명, 조선 24명 등 내란과 외란의 위기에서 나라를 구한 장수들의 활약상을 기록한 《해동명장전(海東名將傳)》(1816)을 편찬했는데, 고려의 군사력을 높이 평가한 대목이 보인다.

왕씨 고려는 500년 동안 거란, 몽골, 홍건, 흑치(黑齒, 왜구)의 무리가 성을 무너뜨리고 마을을 도륙하며 백성들을 어육(魚肉)으로 만들지 않은 해가 거의 없었다. 그런데도 적개심을 품고 어려움을 막아낸 인재가 반드시 나타났다. 강감찬과 김방경 등은 그중에서도 걸출한 인물이었다. (고려는) 일찍이 군사가 조금이라도 굴복한 적이 없었고 영토가 줄어들지 않았다. 그 까닭에 천하의 모든 나라가 고려를 두렵게 여기고 강한 나라라고 불렀다. 조선왕조 이후 영토는 옛날 그대로이고 백성들도 줄어들지 않았으나 병력과 전공(戰功)은 고려보다 크게 뒤떨어졌다.[8]

고려의 군사력을 평가하는 좀 더 객관적인 방법은《고려사》에 기록되어 있는 적국의 군주나 장수의 말을 살펴보는 것이다.

고려는 거란과의 전쟁에서 당시 동아시아 최강국 거란군에 치명적인 손실을 입혔다. 1019년(현종 10) 2월 고려의 최고사령관 강감찬은 철수하는 거란군을 크게 물리침으로써 약 25년에 걸친 전쟁의 대미를 장식했는데, 당시 고려에 참담한 패배를 당한 거란군의 상황을 보자.

아군이 기세를 타고 용기백배하여 격렬하게 공격하니 거란군이 드디어 패주하기 시작했다. 아군이 석천(石川)을 건너 반령(盤嶺)까지 추격했는데, 시체가 들을 덮었으며 사로잡은 포로와 노획한 말·낙타·갑옷·무기는 헤아릴 수 없었고, 살아 돌아간 자가 겨우 수천 명이었다. 거란이 이토록 참혹하게 패한 것은 전례가 없었다. 거란의 왕이 패전 소식을 듣고 대노하여 사자를 소손녕(소배압의 오기)에게 보내 꾸짖기를 "네가 적을 얕잡아보고 적국 깊이 들어가 이런 지경이 되었으니 무슨 면목으로 나를 보겠는가? 짐은 너의 낯가죽을 벗긴 뒤 죽일 것이다"라고 했다.[9]

"시체가 들을 덮었으며 … 살아 돌아간 자가 겨우 수천 명이었다"는《고려사》의 기록에 더해, 적국의 국왕 성종이 소배압의 '고려군의 역량에 대한 과소평가와 무리한 진격'을 질책하는

강감찬 동상 거란의 3차 침입 당시 귀주대첩을 승리로 이끈 고려 최고사령관 강감찬의 동상이다. 서울시 관악구 낙성대공원에 있다.

모습에서 당시 고려의 군사력을 간접적으로 확인할 수 있다.

대몽 항쟁에 관한 기록에서는 고려에 대한 상대국의 평가가 좀 더 분명하게 보인다. 1231년(고종 18) 몽골군의 1차 침입 당시 구주성 전투를 살펴보자. 한 달 동안 계속된 몽골군의 파상공세를 서북면(평안도) 병마사 박서가 이끄는 고려군이 막아내는 장면이 《고려사》에 기록되어 있다.

몽골 군사가 누차(樓車, 사다리 수레)와 커다란 평상(대상大床)을 만들어 쇠가죽으로 겉을 싼 뒤, 그 속에 군사를 감추고 성 아래로 접근하여 굴을 뚫기 시작했다. 박서가 성벽에 구멍을 파 쇳물을 부어서 누차를 불태우자, 땅이 꺼져서 몽골 군사 30여 명이 압사했다. 또 박서가 썩은 이엉을 태워서 커다란 평상을 불사르자, 몽골 군사들은 놀라 우왕좌왕하다가 흩어졌다. … 몽골 군사들이 섶에다 사람 기름(인고人膏)을 적셔 잔뜩 쌓아놓고 거기다 불을 질러 성을 공격했다. 박서가 물을 뿌리니 불이 더욱 세차게 타올랐다. 이에 진흙을 물에 섞어 던지니 비로소 불이 꺼졌다. 몽골이 다시 수레에 실은 풀 더미에 불을 질러 성루를 공격해 오자 박서가 미리 물을 준비해 두었다가 망루에서 뿌리니 불꽃이 곧 꺼져버렸다.[10]

이 글에 이어, 당시 구주성 전투에 참여한 몽골의 백전노장이 놀라는 대목이 나온다.

몽골 군사들이 구주성을 포위하고 있을 때 그들 장수 가운데 나이가 일흔에 가까운 사람이 있었는데, 성 아래까지 와서 성과 병장기들을 돌아보고, "내가 성인이 되어 종군하면서 천하의 성에서 전투하는 모습을 두루 보았지만, 이처럼 공격을 당하면서도 끝내 항복하지 않은 경우는 보지 못했다"라고 감탄했다.[11]

당시 유라시아의 국가와 민족 대부분이 세계 제국 몽골

　우리가 미처 몰랐던 고려

몽골의 일본 침입 고려와 몽골의 연합군이 일본군 장수(오른쪽)와 전투를 벌이고 있다. 《몽골습래회사》(부분).

의 최강 군대 앞에서 쉽게 무너졌다. 반면 고려는 1231년에서 1258년까지 무려 30년 가까이 몽골군과 전쟁을 치르며 버텼는데, 그것은 강력한 군사력이 뒷받침되지 않고는 불가능한 일이다. 이렇게 평가할 수 있는 또 하나의 근거는 적장의 객관적인 평가다. 전쟁 상대국, 그것도 칠십 평생을 수많은 나라의 군대와 싸우며 전투 현장에서 보낸 백전노장이 자신이 상대해 본 다른 어느 나라보다도 고려가 강하다는 점을 인정한 것이다.

《고려사》에는 고려와 몽골 연합군이 일본을 침입할 당시 몽골 장수가 고려군을 자국 군대와 비교해서 평가한 대목도 있다.

1274년(충렬왕 즉위) 10월 두 나라 연합군은 1차 일본 원정을 단행했는데, 이때 고려군이 큰 활약을 펼쳤다. 홍다구와 박지량, 조변 등이 일본의 이키도(一岐島)에 상륙해 진을 친 일본군을 몰아낸 다음, 배를 삼랑포(三郎浦)에 두고 진격해서 약 1,000명의 적군을 죽였다. 전투 중에 중군을 기습한 일본군도 겁먹고 도망쳤고, 이에 고무된 고려군이 일본군을 크게 무찔러 시체가 들판을 가득 메울 정도였다.

당시 이 전투를 원나라 군사령관 쿠둔(忽敦, 힌두忻都)이 지켜보았는데, "몽골 사람이 전투에 익숙하다지만 어찌 고려군보다 더하겠는가?(蒙人雖習戰 何以加此)"[12]라면서, 자국 군대와 비교해 고려군의 전투 능력을 높이 평가했다. 세계 제국을 건설한 몽골 군대보다 더 뛰어나다는 그의 말이 다소 과장일 수는 있으나, 당시 고려의 군사력이 얼마나 대단했는지에 대한 설명으로는 충분한 듯하다.

—

우리나라는 삼국시대에 북조와 수·당, 고려시대에 거란, 여진, 몽골, 조선시대에 일본과 청의 침입을 받으며 큰 고통과 손실을 겪었고, 20세기 전반기에는 일제의 식민 지배를 받기도 했다. '우리나라는 역사적으로 늘 군사력이 약했다'는 이미지가 우리 마음속에 남아 있는 이유다. 그래서인지 한국이 세계 5위의 군사 강국이라는 말을 들으면 크게 와닿지 않는 면도 있다. 그러나 고려시대를 자세히 들여다보면, 기존의 일반적 통념과 동떨어지는 면이 있음을 깨닫게 된다. 고려는 중국대륙과 만주의 강대국들을 상대로 쉽게 굴복하지 않고 선전할 정도로 군사력이 여러 지표에서 뛰어났으며, 이것을 유지하기 위한 정책적인 뒷받침도 이루어졌다. 다른 나라의 군주나 장수들이 평가했듯이, 고려군은 전투 현장에서도 뛰어난 전술을 보여주었다. 21세기 동북아시아를 비롯한 복잡다단한 국제 정세 속에서, 우리가 고려의 군사력에 주목해야 하는 이유가 여기에 있다.

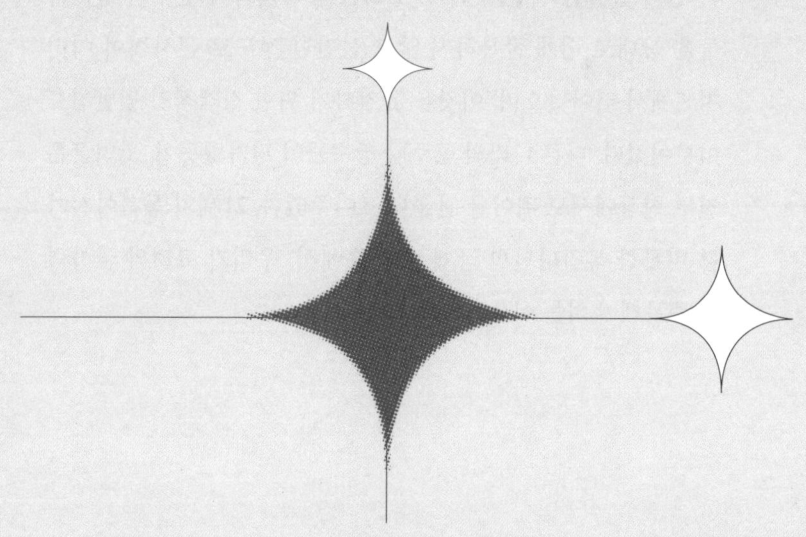

K-방산의 원조

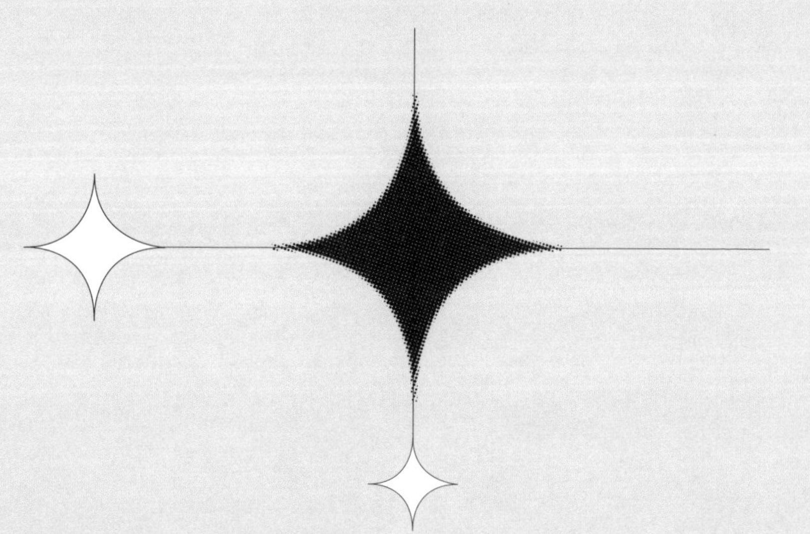

오늘날 대한민국 무기 산업인 이른바 K-방산이 세계 무기시장에서 크게 주목받고 있다. 냉전과 분단을 거치며 북한과 오랫동안 대치하는 과정에서, 한국은 이러한 현실을 원동력 삼아 세계적인 수준의 무기를 갖추었다. 미국 등 선진국의 기술을 도입하고 발전시킨 것에서 더 나아가 독자적인 모델을 해외에 수출하기에 이르렀다. 한국의 무기는 정비, 훈련, 통제 시스템과 패키지로 묶여 함께 활용할 수 있으며 가성비가 높고 대량생산이 가능하다는 점에서 전 세계로부터 큰 환영을 받고 있다. 그런데 수백 년 전 우리 역사 속에서도 21세기 K-방산과 유사한 사례를 찾아볼 수 있다. 바로 고려 말 왜구의 침입을 극복하기 위해 화약무기를 제조한 최무선(1325~1395)이 그 주인공이다.

진포·황산 대첩의 숨은 주역, 최무선

화약무기란 화약의 폭발력으로 시전(矢箭, 화살), 석환(石丸, 돌),

철탄 등을 발사하는 유통식(有筒式) 화기를 말한다. 유통식 화기는 동서양 모두 14세기 초반에 출현하여 그 기술이 점차 발달했다. 당시까지 주 병기였던 궁시(弓矢, 활과 화살), 도검(刀劍, 칼)을 능가하는 큰 살상력으로 중국에서는 명나라의 통일사업을 완성시켰고, 서양에서는 중세 기사를 무력화해 봉건사회를 무너뜨리는 한 요인이 되었다.[1]

중국대륙에서 화약무기가 처음 사용된 14세기 초반으로부터 그리 멀지 않은 14세기 후반에 고려왕조 역시 화약무기를 처음 사용했다. 이 역사적인 사건은 1380년(우왕 6) 진포(鎭浦, 지금의 군산시와 서천군 일대)에 상륙한 왜구와의 전투 현장에서 일어났다.

> 왜적의 배 500척이 진포 입구에 들어와서 큰 밧줄로 서로 잡아매고 병사를 나누어 지켰다. 마침내 왜구들은 해안에 상륙하여 여러 군현으로 흩어져 들어가 불을 지르고 노략질을 자행했다. … 나세(羅世), 심덕부(沈德符), 최무선(崔茂宣) 등 (세 원수가) 도착하여 최무선이 처음으로 제작한 화포로 진포에 정박한 배를 불태우자 연기와 화염이 하늘을 가렸다. 왜구가 거의 다 불에 타죽었고 바다에 빠져 죽은 자도 많았다.[2]

최무선이 화포로 배를 불태우자, 배를 잃은 왜구들은 육지에 올라와서 전라도와 경상도까지 노략질하고 운봉(雲峯)에 집결했다. 이때 태조(이성계)가 병마도원수(兵馬都元帥)로서 여러 장수

진포대첩 기념탑 최무선이 우리나라 최초로 화약무기를 사용해 왜구를 무찌른 진포대첩을 기리기 위해 세운 탑이다. 돛을 상징하는 큰 화강암 날개가 하늘을 향해 솟은 가운데, 이 둘이 만나는 가장 높은 곳에서 화포가 하늘을 향하고 있다. 전북 군산시 성산면 금강호 시민공원 소재.

와 함께 황산(荒山)에서 왜구를 빠짐없이 섬멸했다. 이로부터 왜구가 점점 덜해지고 항복하는 자가 서로 잇달아 나타나서, 바닷가의 백성들이 생업을 회복하게 되었다.[3]

최무선의 화약무기는 1350년(충정왕 2)부터 약 30년 동안 한반도 해안 지대를 초토화한 왜구의 침략을 일거에 종식한 쾌거였다(진포대첩). 진포에 정박한 약 500척의 적선이 화포의 공격으로 불타고 파괴되자, 퇴로가 막힌 왜구들은 내륙으로 쫓겨 마침내 운봉의 황산(지금의 남원) 전투에서 이성계 군사에게 섬멸되었다(황산대첩).

《고려사》,《태조실록》총서,《용비어천가》등에서는 이성
계를 왜구 격퇴의 주역이자 영웅으로 추켜세웠다. 그러나 이성계
가 조선을 건국하면서 그렇게 기록으로 정착되었을 뿐, 영웅 이
성계를 만든 황산대첩의 숨은 주역은 우리 역사에서 처음으로 화
약무기를 제조하여 왜구의 30년 침입을 종식한 최무선이었다. 화
약무기로 500척의 적선에 불을 질러 왜구의 퇴로를 차단한 진포
대첩이 황산대첩의 결정적인 계기가 되었기 때문이다.

진포대첩 이후에도 화포를 사용한 기록이 있다. 진포와 황
산에서 패퇴한 왜구 잔당들이 1381년(우왕 7) 4월 광주 무등산 규
봉사(圭峯寺)에 목책을 세우고 웅거했다. 전라도 도순문사 이을진
(李乙珍)이 화전(火箭)을 쏘아 목책을 불태우고 왜구를 소탕했다
는데,[4] 이는 육전에서 화포를 사용한 최초의 기록이다. 1383년(우
왕 9) 남해 관음포 전투에서도 화포를 쏘아 왜구 적선 17척을 불
태웠다.[5]

왜구 제압에 화약만 한 것이 없다

《태조실록》에 따르면, "최무선은 영주(永州, 경북 영천) 사람이며,
광흥창사(廣興倉使) 동순(東洵)의 아들이다. 천성이 기술에 밝고
방략이 많으며, 병법을 말하기 좋아했다. 고려조에 벼슬이 문하
부사에 이르렀다. 일찍이 말하기를, '왜구를 제압하는 데 화약만
한 것이 없으나 국내에는 아는 사람이 없다'라고 했다."[6] 최무선
은 당시 고려에 큰 피해를 주고 있는 왜구를 제압하기 위해 화약

제조에 관심을 가졌지만, 국내에서는 그 기술을 아는 사람이 없었다.

참고로 화약을 만드는 재료는 숯가루, 유황, 염초(焰硝)다. 이 중 숯은 버드나무로 만든 숯인 유회(柳灰)를 쓰고, 유황은 국내산 유황인 석류황(石硫黃)을 사용했다. 염초는 길이나 담 밑에 있는 빛이 검고 맛이 매운 흙에 쑥을 태운 재와 곡식대의 재를 섞은 다음 물을 넣고 끓이는 등 여러 공정을 거쳐 만든다. 재료에 따라 성능에 차이가 있었다.[7]

화약무기를 만들 때 가장 어려운 것은 염초를 제조하는 일이었다. 염초는 질산칼륨(KNO_3)으로, 물에 녹고 가연성 물질과 섞이면 폭발하는 성질이 있다. 최무선이 화약을 만들 때 고심한 문제 역시 염초 제조였다. 정이오(鄭以吾, 1351~1434)가 지은 〈화약고〉 기문에 그 과정이 잘 나타나 있다.

군기시 부정(軍器寺 副正) 최해산(崔海山, 1380~1443) 군이 나에게 말하기를, '나의 부친(최무선)께서 일찍이 왜구의 침입을 제압하기가 어려운 점을 근심하여 수전(水戰, 해전)에서 화포로 공격하는 방법을 생각해서 염초를 구워 쓸 기술을 얻으려 했다. 중국 사람[唐人] 이원(李元)은 염초를 굽는 장인인데, 부친께서는 그를 잘 대접해 몰래 그 기술을 물었다. 집에서 부리는 종 몇 명을 시켜 사사로이 기술을 익히게 하여, 그 효과를 시험한 뒤에 조정에 건의했다.[8]

천자통총 조선시대에 화약을 사용하여 화전을 발사하는 데 쓰던 대포. 천(天)자는 천자문의 첫 자로, 제작 순서를 표시하는 기호다. 1555년(조선 명종 10) 제작. 국립중앙박물관 소장.

염초 제작에 성공한 최무선은 조정에 건의해 화통도감(火㷁都監)을 설치하고 화학 무기 제조에 본격적으로 착수했다. 아래의 《고려사》 인용문에서 '화통(火㷁)'은 화통(火筒 혹은 火㷁)으로 쓰이며, 화약을 넣어 화살이나 탄환을 쏘는 총통을 말한다.

(1377년 10월) 처음으로 화통도감을 설치했다. 판사 최무선의 말을 따른 것이다. 최무선이 원나라 염초 기술자인 같은 마을 사람 이원을 잘 대우하여 몰래 그 기술을 묻고, 가동 몇 명으로 하여금 익혀 시험해 본 후 마침내 왕에게 건의하여 설치했다.[9]

이 《고려사》 기록에는 최무선이 원나라 염초 장인 이원을 통해 이 기술을 습득했다고 되어 있다. 이원의 국적에 대해 정이오의 〈화약고〉 기문에는 '당인(唐人, 중국 사람)', 《태조실록》 최무선 졸기에는 중국 강남 상인으로 기록되어 있어, 《고려사》 및 《고려사절요》와 차이를 보이는데, 여기에서는《고려사》를 따르기로 한다.

화통도감 설치 이후 화약무기가 곧바로 실전에 배치되고, 이에 필요한 군인도 충원되었다. 화통도감 설치 이듬해인 1378년(우왕 4) 4월 개경과 지방의 각 사원에 화통방사군(火㷉放射軍)을 배정했는데, 대사(大寺)에는 3명, 중사(中寺)에는 2명, 소사(小寺)에는 1명이었다.[10] 화약무기가 전국에 걸쳐 실전에 배치되었음을 보여주는 증거다. 여기에서 주목되는 점은 전국에 있는 사찰을 거점으로 화약무기와 이를 운영할 군인을 배치했다는 것이다. 앞에서 언급했듯이 1381년 광주 규봉사에 집결한 왜구 진영의 목책을 화전을 쏘아 격퇴한 사실은 사찰에 실전 배치된 화약무기가 그 효과를 본 구체적인 사례라 할 수 있다.

게임 체인저 역할을 한 화약무기

고려는 1377년(우왕 3) 화통도감을 설치하면서 독자적으로 화약무기를 제작하여 실전에 사용하기 시작했다. 사실 화약과 화약무기는 더 이른 시기에 우리나라에 전래했으며, 늦어도 공민왕 대에 온 것은 확실하다. 이 점은 1356년(공민왕 5) 9월 재추들이 숭문관에 모여 서북면의 방어 무기를 검열한 사실에서 확인할 수 있다. 총통(銃筒)을 남강(南岡)에서 쏘았더니 화살이 순천사(順天寺)의 남쪽에 미쳐서 땅에 떨어졌는데, 화살 깃이 (땅속에) 박혔다고 한다.[11] 이때의 총통은 화약 병기인 화통의 일종이며, 총통에서 쏜 화살〔箭〕은 화약이 장착된 화전(火箭)이다. 이는 고려가 직접 제작한 것이 아니라 명나라 혹은 원나라에서 전래한 화약무기를 시험 발사한 기록이다. 당시까지만 해도 염초를 제작할 수 없었기 때문이다.

고려는 1368년(공민왕 17) 명나라와 국교를 맺으면서 명나라에 사신을 보내 염초 제조 기술을 얻기 위해 노력했다. 공민왕은 1373년(공민왕 22) 11월 명나라 중서성에 화약을 보내줄 것을 다음과 같이 요청했다.

> "왜적이 난을 일으키며 출몰한 지 20여 년이 되었습니다. 이로부터 우리나라 연해 군현의 요새에 군사를 배치하여 방어만 하도록 하고, 바다에 나아가 추격하여 나포하지 않았습니다. 최근에는 왜적의 기세가 매우 맹렬하므로, 이제 바다에 나아가 추격하여 나포함으로써 백성들의 우환을 근절하고자 관리를 파견하여 왜적을 나포할 함선을 건조하고 있습니다. 그 배에 사용할 병기·화약·유황·염초 등의 물품을 조달할 수 없어 의논이 조정에 부탁하게 되었으니, 하사해 주시어 용도에 맞게 사용하도록 하소서."[12]

또 다른 기록에 따르면 고려는 1374년 5월에도 왜선을 나포하기 위한 함선을 건조하고 배에서 사용할 병기, 화약, 유황, 염초 등을 요청했다. 그러나 같은 해 6월 명 황제는 고려에서 염초 원료와 유황을 수집해 오면 제조해 보내주겠다고만 하고 염초 제

조 기술은 끝내 알려주지 않았다.[13]

이런 상황에서 마침내 최무선이 독자적인 화약무기 개발에 나섰는데, 그 전후의 과정은 다음과 같다. 1372년(공민왕 21) 10월 공민왕이 인월곶(引月串)으로 가서 화전을 발사했고,[14] 이듬해 10월에 새로 건조된 전함을 관람하고 화전과 화통을 시험했다.[15] 이때의 전함과 화전은 최무선이 제조한 화약을 장전한 전함과 화약무기로 판단된다.[16] 화약무기를 탑재한 것으로 보이는 전함을 건조하고 화전과 화통을 시험적으로 발사한 1372년과 1373년은 화통도감을 설치하기 4~5년 전의 일이다. 이로 미루어 보아 국내에서 화약을 처음 만든 것은 화통도감이 설치된 1377년보다 몇 년 전인 1372년 전후로 짐작된다. 그러니까 명에 염초 제조 기술을 요청한 지 4년 만에 독자적인 염초 제작에 성공한 것이다. 명은 끝내 제조 기술을 알려주지 않았는데, 당시 화약무기가 전쟁의 승패를 결정짓는, 요즈음 말로 '게임 체인저' 역할을 했기 때문이다. 정이오가 화약무기의 정치·군사적 효능을 언급한 기록에서도 그 점을 확인할 수 있다.

화약은 오병(五兵)을 보조하는 물건이다. 또한 제왕(帝王)은 이것을 사용해 국위(國威)를 성대하게 선양하고, 포악하고 난동하는 자들을 제거한다. 백성을 사랑하여 공(功)이 이루어지고 정치가 안정되어 태평 시대를 유지하는 큰 벼리가 되는 물건이 화약이다. 30년 동안 왜구의 침략을 당했을 때도 태평을 유지하게 된 것은 다른 힘이 아니고 화약의 힘에 있었다.[17]

화통도감은 창왕(재위 1388~1389) 때 혁파되었다.[18] 이를 제안한 인물은 고려 말 정도전(1342~1398)과 함께 대표적인 개혁론자였던 조준(1346~1405)이다. (화통도감과 같은) 도감은 일이 발생하면 생기고 일이 발생하지 않으면 폐지하는 임시 기구에 지나지 않으니, 이러한 예에 따라 폐지해야 한다는 것이 그의 논리다. 당시 전쟁의 승패와 왕조의 흥망에 결정적인 역할을 미친 화약 제조 기구를 임시 기구란 이유로 폐지했지만 분명한 이유가 되지 못한다. 전쟁은 언제든 일어날 수 있는 일이며, 화약과 같은 무기 역시 전쟁에 대비해 항상 준비되어 있어야 하는 것이 순리다.

당시 화통도감을 혁파한 것은 이를 이용하려는 적대 세력으로 권력이 분산되는 것을 사전에 막음으로써 권력을 통일 내지 유지해야 했기 때문이다. 화약무기의 발달은 언제 갑자기 자파의 집권 세력을 뒤엎을지 모르는 결정적 요소로서, 경계와 억제의 대상이 될 수밖에 없었다.[19]

화통도감이 혁파된 사실은 최무선이 진포대첩에서 큰 공을 세웠음에도 당대에는 중용되지 못하고 오히려 외면을 받았음을 방증한다. 그는 사후에 더 높은 평가를 받았다. 최무선 사후 아들 최해산이 화약과 화약무기 제조의 책임을 맡아 화약무기 개발에 크게 공헌한 사실은 앞에서 인용한 정이오의 〈화약고〉 기문에서 확인할 수 있다. 이 글은 조선 건국 후 최무선이 재평가를 받은 사실을 잘 보여준다.

지금 왜구가 우리 수군과는 감히 배를 타고 승부를 비교하지 못하는 것은 앞서 진포 싸움이 있었고, 뒤에는 남해(관음포 해전)의 승전이 있었기 때문이다. 그 후로부터 지금까지 마음을 고쳐먹고 정성을 바치는 것은, 비록 전하께서 펴신 교화에 의한 것이지만, 애당초 빠른 우레와 세찬 번개처럼 폭발한 화통과 화포가 그들의 혼을 빼앗고 간담을 서늘하게 하지 않았다면, 그 완악하고 사나운 왜구를 쉽게 굴복시키지 못했을 것이다.[20]

정이오는 진포와 남해 관음포 전투에서 승리함으로써 왜구의 침입이 종식되었고, 조선 건국 후 일본이 침략을 포기하고 조선에 사대교린의 예를 취하게 된 것은 전적으로 최무선의 공이었다고 칭송했다.

최무선에 대한 재평가가 이루어지기 시작한 것은 조선 태종 대부터다. 정이오의 〈화약고〉 기문에 따르면, 1401년(태종 1) 11월 최무선은 대광보국숭록대부 의정부 우정승 판병조사(大匡輔國崇祿大夫議政府右政丞判兵曹事)에 추증되고 영성부원군(永城府院君)에 봉해졌다. 아들 최해산도 화약과 화약무기 제조를 전담하는 군기시 관원으로 임명되어, 군기시 부정으로 승진했다. 이는 같은 해 3월 권근이 태종에게 화약무기로 왜구를 제압해 나라에 공을 세운 최무선의 아들 최해산을 관리로 임용할 것을 요청한 상소문[21]에 따른 것으로 짐작된다. 대체로 태종 대부터 그동안 중단되다시피 한 화약과 화약무기 생산이 재개되었고, 여러 차례 발사 시험을 거쳐 세종 대에 최고 수준의 화약무기가 생산되었다.

이런 흐름 속에서 최무선은 재조명받기 시작한 것이다.

1456년(세조 2) 양성지(1415~1482)는 목화 종자를 도입해 백성의 삶을 이롭게 한 문익점(1329~1398)과 함께 최무선의 사당을 각각의 고향에 세워 국가가 이들을 제사하게 하고 그 자손들을 관리로 발탁해야 한다는 내용으로 상소를 올렸다. 양성지는 그 이유를 이렇게 설명했다.

> 신라 때부터 단지 돌을 발사하는 무기인 석포(石砲, 砲石)만 제조했고 그 후에도 화약을 제조하는 법은 없었습니다. 고려 말 최무선이 처음으로 화포법을 원에서 배워 그 기술을 전했습니다. 지금 모든 군진에서 (화포를) 사용해 그 이로움은 말할 수 없습니다. 최무선의 공은 만세토록 백성들이 (전쟁에서 입은) 피해를 제거했습니다. … 그의 고향에 사당을 세워 봄가을에 해당 지역 관청이 제사를 지내게 하고, 그 자손은 공신으로 칭하여 죄를 사해주고 관직에 임명하게 하소서.[22]

최무선이 개발한 화약무기는 조선시대에 들어와 혁신을 이룩했다. 화약무기의 성능을 개선하여 화포의 성능과 위력을 증대시키는 노력이 꾸준히 이어졌다. 그 결과 화약무기는 임진왜란의 승전에 크게 기여했다. 단거리 근접전에서 위력을 발휘한 일본의 조총에 비해 상대적으로 긴 사거리의 화포는 당시 전투에서 조총으로 무장한 일본의 전선(戰船)을 물리치는 데 결정적인 역할을 했다. 해전의 승리로 한반도는 물론 대륙 진출을 노렸던 일본의 야욕이 좌절되었으며, 화약무기는 궁극적으로 임진왜란을 승전으로 이끌었다.

—

지금까지 살펴본 최무선의 화약무기 개발은 K-방산과 여러 면에서 닮아 있다. K-방산이 북한과의 오랜 대치 상황에서 탄생하고 성장한 것처럼, 최무선은 14세기 중반 이후 왜구가 끊임없이 침략하는 상황에서 기존의 무기로는 한계를 느끼고 '게임체인저'로서 화약에 주목했다. 화약무기를 개발하기 위해 최무선은 원나라 기술자 이원을 설득해서 염초 제조법을 배웠고 이를 토대로 독자적으로 화약 제조에 성공했는데, 이는 선진국의 기술을 적극 도입하고 응용하는 K-방산을 떠올리게 한다. 최무선은 단지 화약 개발에 그친 것이 아니라 그것을 상용화하기 위해 '화통도감'을 만들고 각종 해전 전술을 개발했으며, 효율적인 화약무기 생산 체계를 갖추어 수백 척의 왜구를 소탕할 수 있는 대량의 화력을 확보했는데, 이는 K-방산이 전 세계의 주목을 받게 된 원인과 닿아 있다. 21세기 현재의 K-방산을 통해 수백 년 전 최무선이 펼친 활약상을 떠올리게 되는 이유다.

최무선이 만든 화약무기와 저서

《조선왕조실록》은 최무선의 일대기와 함께 그가 만든 화약무기를 다음과 같이 기록하고 있다.

（그가 만든） 화포는 대장군포(大將軍砲)·이장군포(二將軍砲)·삼장군포(三將軍砲)·육화석포(六花石砲)·화포(火砲)·신포(信砲)·화통(火㷁)·화전(火箭)·철령전(鐵翎箭)·피령전(皮翎箭)·질려포(蒺藜砲)·철탄자(鐵彈子)·천산오룡전(穿山五龍箭)·유화(流火)·주화(走火)·촉천화(觸天火) 등의 이름이 있었다. 기계가 완성되자, 보는 사람들이 놀라고 감탄하지 않는 자가 없었다. 또 전함(戰艦)의 제도를 연구하여 도당에 말해서 모두 만들어 냈다.”[1]

이 기록은 오늘날 우리가 생각하는 것 이상으로 최무선이 만든 화약무기의 종류가 다양하고 많았음을 보여준다. 이를 정리하면 다음과 같다.[2]

총통 및 화포

-대장군포·이장군포·삼장군포: 대장군포가 제일 크고 그 이하는 크기의 순서를 표시.

-육화석포: 둥근 돌덩어리인 석환(石丸)을 발사하는 주둥이가 넓은 완구(碗口) 종류의 포이다.

-신포: 신호하는 데 사용한 포.

-질려포: 나무로 구형(球形)의 통을 만들고 이 속에 쑥잎 화약, 끝
이 날카로운 철조각 등을 넣어 적에게 던져서 폭발시키는 폭탄의
일종.

발사체류

-화통: 화통(火筒) 혹은 화통(火篙)으로 쓰임. 화약을 넣어 화살이
나 탄환을 쏘는 총통을 말함.

-화전: 목표물을 불태우는 방화용 무기.

-철령전: 쇠로 만든 날개를 화살 중간에 매단 화살. 대장군포와 이
장군포에 사용.

-피령전: 가죽으로 만든 날개를 화살 중간에 매단 화살. 삼장군포
에 사용.

-철탄자: 철로 만든 포환의 일종.

-천산오룡전: 강력한 관통력을 가진 특수 화살.

로켓 무기

주화: 스스로 날아가는 우리나라 최초의 로켓 무기. 조선시대에
신기전(神機箭)으로 이름이 바뀜.

촉천화와 유화는 자세한 내용을 알 수 없다.

한편 최무선의 증손 최식(崔湜)은 1487년(성종 18) 집안에 소장해
온 최무선이 편찬한 화약무기 관련 서화(書畫)인《용화포섬적도(用火砲
殲賊圖)》1축(軸)과《화포법(火砲法)》1책(冊)을 성종에게 올렸다.[3]

기술에 생산력을 더해
완성한 경쟁력

도기의 빛깔이 푸른 것을 고려인은 비색(翡色)이라고 한다. 근래에 만드는 솜씨와 빛깔이 더욱 좋아졌다. 술그릇의 형상은 참외같은데, 위에 작은 뚜껑이 있고 그 위에 연꽃에 엎드린 오리 모양이 있다.[1]

《선화봉사고려도경(宣和奉使高麗圖經)》(이하 '고려도경')이라는 책의 한 대목이다. 《고려도경》은 1123년(인종 1) 송나라 사신 서긍이 고려를 다녀와 남긴 견문록이다. 역사, 건축, 인물, 사상, 물품 등 자신이 보고 들은 고려에 대한 모든 것을 담았다. 이 인용문은 저자가 한 고려청자를 보고 묘사한 듯하다. 형상은 참외인데, 그 뚜껑에는 연꽃에 엎드린 오리 모양이 장식되어 있다는 것이다. 그렇다면 어떻게 생겼을까? 《고려도경》의 특징은 글과 함께 그림도 남겼다는 점이다. 그렇다면 서긍이 묘사한 청자의 모습을 확인할 수 있지 않을까? 안타깝게도 현재 남아 있는 이 책에는 그림이 하나도 없다. 원본이 전쟁 중에 불타버렸기 때문이다.

선유도의 망주봉 1123년 김부식이 송나라 사신 서긍과 그 일행을 맞이한 곳으로, 《고려도경》에 오룡묘와 숭산행궁, 군산정, 자복사와 객관 등이 존재했다고 전한다. 전북 군산시 옥도면 선유도 소재.

그러나 다행스럽게도 원본이 불에 타기 전에 글만 가지고 따로 만들어 둔 책이 있어서, 고려청자에 대한 당대의 평가, 특히 외국인의 평가를 어느 정도는 확인할 수 있다. 고려 비색청자는 청자의 종주국에 사는 중국인의 눈에도 자국과 다른 독창적인 제품으로 비칠 정도로 고려의 청자 제조 기술이 발달했음을 우리는 《고려도경》을 통해 알 수 있다.

우리나라 역대 왕조가 생산한 제품 가운데 동아시아 세계에 널리 유통되어 일반인들에게까지 호평을 받은 것은 고려의 제품들이 유일하다. 고려청자뿐이 아니다. 나전칠기, 종이와 먹도 그렇다. 이 정도면 오늘날 '한류'의 한 갈래인 이른바 'K-culture'의 원조라고 불러도 손색이 없지 않을까?

청자는 9세기 무렵 중국에서 생산되기 시작했다. 청자를 생산하기 위해서는 1,200도 이상의 고온을 낼 수 있는 가마 시설과 함께, 흙과 유약을 섞어 고온에서 비취색이 감도는 특유의 색깔을 만들어 내는 기술이 필요했다. 고려는 10세기 초 중국의 청자 기술을 도입했는데, 11세기 후반~12세기 초에 독자의 기술을 개발해 비색청자를 생산했다. 이 기술에 대한 객관적 평가는 앞서 언급한 서긍의 기록을 통해 이미 확인한 바다.

서긍은 비색청자에 주목했지만, 고려청자의 정수는 상감청자다. 12세기 중반부터 제작된 상감청자는 비색청자보다 기술적으로 더 진보했다. 상감(象嵌)은 반 건조된 자기의 표면에 구름, 학, 화초 문양을 새기고 그 위에 흰색과 붉은색 흙을 발라 초벌구이를 한 뒤 유약을 바르고 다시 한번 구워내는 고려만의 독창적인 기법이다. 상감청자는 푸른색 바탕에 흰색과 검은색 문양이 어우러져, 화려하고 장식적인 멋이 두드러진다. 서긍이 고려를 방문한 12세기 초에는 일반화되지 않아서인지 《고려도경》에는 언급되지 않았다. 비색청자와 상감청자는 고려의 독자 기술로 제작된 자기로, 이 둘을 통칭해 고려청자라고 부른다.

비단 서긍의 평가만이 다가 아니다. 이름을 알 수 없는 한 송나라 사람도 "건주(建州)의 차, 촉(蜀)의 비단, 정요(定窯)의 백자, 절강(浙江)의 차 등과 함께 고려비색(高麗翡色, 비색청자)은 모두 천하제일이다. 다른 곳에서는 따라 하고자 해도 도저히 할 수

청자 참외 모양 병(靑磁瓜形瓶) 고려 인종의 능인 장릉(長陵)에서 출토되었다고 알려진다. 장릉은 《고려사》에 '왕성 남쪽'에 있다고 나와 있으나 정확한 위치는 확인되지 않았다. 19세기 말과 20세기 초에 개경 인근에 있던 여러 왕릉과 고위 관료들의 무덤이 일본인들에게 도굴되었는데, 이 비색청자도 조선총독부 박물관에서 이들로부터 사들인 것으로 보인다. 국립중앙박물관 소장.

없는 것들이다"라며 칭찬을 아끼지 않았다.[2]

2013년 항저우의 '중국 관요(官窯) 박물관'에서 고려청자 특별전이 열렸는데, 항저우 인근에서 발굴된 남송시대의 고려 상감청자 파편을 다량 전시했다. 그중에는 상감청자로 제작된 황실 제의용 물품과 황제의 비 및 궁전의 이름이 표면에 새겨진 것도 있었다. 송 황실이 상감청자를 수입해 사용한 사실을 생생하게 입증한다. 1127년 남송 건국 이후 두 나라 사이의 공식적인 교류 기록은 《고려사》 등에 거의 나타나지 않지만, 최근 항저우에서 발굴된 유물 상감청자는 문헌 기록의 공백을 메우고 두 나라 사이의 가려진 역사를 새로운 모습으로 복원한 고려 문화의 아이콘인 셈이다.

고려의 나전 기술은 세밀하여 귀하다

고려 문화의 정수를 보여주는 또 하나의 명품은 나전칠기다. 오랜 세월 동안 축적된 칠공예 기술에 조개를 잘게 썰어 아름다운 문양을 새겨 넣는 정교한 나전 기술이 결합해 탄생한 융합 제품이다. 칠공예 기술은 일찍이 우리나라에서 축적되었지만, 나전 기술은 원래 중국 당에서 건너왔다. 그러나 고려의 나전 기술은 중국과 달랐다. 당에서는 자단(紫檀, 동남아시아 등지에서 식생한 나무)과 같이 단단하고 무늬가 아름다운 나무에 바로 나전을 새겨 넣은 반면, 고려에서는 두 차례 옻칠을 한다. 경전·염주 등을 담는 나무상자에 굵은 삼베를 바른 뒤 옻칠을 하고, 그 위에 잘게 썬 나전을 새겨 넣은 후 다시 옻칠을 덧입힌다. 그러고 나서 나전 무늬에 덮인 칠을 벗겨내고 광내기 과정을 거쳐 제품을 완성했다. 이렇게 나전 기술과 칠공예 기술이 결합한 제품이 나전칠기다.

나전칠기는 제작 기법상 세 가지 특징을 갖는다. 첫째, 1센티미터 이내로 자른 조개 조각으로 무늬를 엮는다. 이를 절문(截文, 끊음질 무늬)이라 한다. 이 과정에서 흰빛에 일곱 가지 색이 어른거리는 조개 특유의 색깔이 드러난다. 둘째, 바다거북 등딱지인 대모(玳瑁)의 뒷면을 채색해 나전과 함께 그릇 표면에 무늬를 놓는다. 조개와 붉은빛으로 채색된 대모의 색깔이 어우러져 환상적인 색감을 보여준다. 셋째, 잘게 쪼갠 자개들을 정교하게 새긴 꽃이나 넝쿨무늬 주변에 은(銀)·동(銅)으로 꼰 가느다란 금속 선을 둘러 꽃줄기와 넝쿨을 명확하게 드러냄으로써 무늬 구성에 디자인적 질서를 부여한다. 고려 나전칠기의 화려하면서도 전아(典雅)한 멋은 이 세 가지 기술이 결합된 무늬의 아름다움에 있다.[3]

특히 무늬 주변에 금속 선을 넣는 것은 고려 공예를 상징하는 기법이다. 금속공예에서는 금속 표면에 무늬를 깊게 판 다음 가느다란 금실이나 은실을 메워 넣는 금 입사, 은 입사 기법으로 나타난다. 참고로 청자의 상감기법은 나전칠기의 이 기법에서 유래한 것이다. 도자기 표면에 문양을 새기고 그 속에 검정·빨강·하양의 흙을 메운 뒤 구워 특유의 문양을 드러내는 상감기법으로 구현했다.

현재 전하는 나전칠기는 모두 16점인데, 우리나라 국립중앙박물관에 있는 1점을 빼곤 모두 해외(일본 10점, 미국 3점, 유럽

나전대모국당초문 염주합 채색한 대모로 붉은색 국화꽃의 꽃술과 잎을 표현하고, 흰색 나전으로 잎과 넝쿨을 새겨 넣었다. 꽃 주변 테두리는 은과 구리선을 가늘게 꼬아 넣은 것이다. 900여 년 전에 만들어진 나전칠기의 아름답고 화려한 무늬가 여전히 빛을 발하고 있다.

2점)에 유출돼 있으며 모두 경전, 염주 등 불교 도구를 담는 상자 형태의 목제품이다. 나전 기술은 목제품뿐 아니라 가죽 수레와 그릇 등 다양한 제품에도 적용되었다.

고려의 나전칠기는 외국에까지 이름을 떨쳤다. 고려를 다녀간 서긍은 고려청자뿐 아니라 나전칠기에 대해서도 칭찬을 아끼지 않았다. "그릇에 옻칠하는 기술은 정교하지 못하지만, 나전 기술은 세밀하여 귀하다고 할 수 있다"[4]라며 나전 기술이 뛰어나다고 했고 "기병이 사용하는 안장과 언치(안장 깔개)가 매우 정교하며 나전으로 장식했다"[5]라는 평가도 남겼다.

나전은 선물용으로 많이 사용되었다. 고려는 송에 나전으로 장식한 수레〔螺鈿裝車〕 1대를 보낸 적도 있었다.[6] 예종 대의 문신 문공인(?~1137)은 거란에 사신으로 가서 나전 그릇을 선물로 많이 주었는데, 그 결과 거란의 사신이 고려에 올 때마다 나전 그릇을 요구하는 폐단이 생겼을 정도다.[7]

해외에서 각광받은 고려의 종이와 먹

종이는 인쇄술·나침반·화약과 함께 중국이 자랑하는 4대 발명품으로, 후한시대 채륜(蔡倫)이 기원후 2세기 무렵 발명했다. 제지술이 우리나라에 들어온 것은 기원후 2세기 이후다.[8] 그런데 그로부터 1,000년이 지나지 않은 시점에 중국은 오히려 고려의 종이를 수입해서 사용하고 있었다. 송과 원이 조공품으로 선호했는데, 그 품질의 우수성을 알고 있었기 때문이다.

고려시대에 생산된 종이를 당시 중국의 문인·학자 들은 '고려지(高麗紙)'라 불렀다. 고려지가 중국에 널리 유통된 사실은 문헌 기록에 많이 나타난다. 조선 후기 역사학자 한치윤(1765~1814)은 《해동역사》에서 고려지에 대해 다음과 같이 말했다.

중국에서 나지 않는 것은 외국의 오랑캐로부터 많이 가져다가 쓴다. 당나라 사람들의 시에 '만전(蠻牋, 오랑캐 종이)'이란 글귀가 많이 인용되어 있는데, 여기엔 다 까닭이 있다. 고려에서는 해마다 종이(만전, 고려지)를 조공했다. (중국에서) 책을 만들 때 이것(고려지)을 많이 사용했다."[9]

고려의 먹 1998년 충북 청주시 명암동에서 발굴된 고려 무덤에서 출토되었다. 먹 아랫부분이 닳은 것으로 보아 실제 사용한 먹임을 알 수 있다. 한쪽에 '단산오옥(丹山烏玉)'이라는 글씨가 새겨져 있는데, '단산'은 충북 단양의 옛 이름이고, '오옥'은 먹의 별칭인 '오옥결(烏玉玦)'의 약칭이다. 단양은 평남 순천, 이인로가 지방관으로 근무한 평남 맹산과 함께 고려의 주요한 먹 생산지였다. 국립청주박물관 소장.

고려지의 우수성은 중국 문헌에 많이 기록되어 있다. 고려지는 '아름다운 흰빛에 결이 있는 매끄러움〔潔白緊滑〕', '두터움과 흰빛〔厚逾五銖錢 白如截肪切玉〕', '흰빛과 질김〔色白如綾 堅靭如帛〕'과 같은 특성이 있어서 당시 문인들에게 호평을 받았고, 송의 수도나 항구는 물론 창장 유역의 만족(蠻族)에게까지 널리 유통되었다.[10]

고려의 먹도 해외에 알려진 명품이다. 서긍은 "송연먹(松烟墨)은 맹주 생산품을 귀하게 여긴다"[11]라며 먹에 대한 평가도 빼놓지 않았다. 송연먹은 소나무의 그을음을 채취해 만든 먹이다. 맹주(猛州), 즉 맹성(猛城)에서 가장 우수한 먹이 생산되었는데, 고려 중기 문인 이인로(1152~1220)가 그곳 지방관으로 가서 먹을 생산한 사실을 다음과 같이 기록했다.

> 나는 맹성의 지방관으로 나갔는데, 도독부의 명령을 받들어 국
> 왕이 사용할 먹 5,000개를 만들어 봄에 먼저 납부해야 했다. 역
> 마를 타고 공암촌에 가서 백성들을 시켜 소나무 그을음 백석을
> 채취하게 하고 훌륭한 장인들을 모아 몸소 역을 독려하여 두 달
> 만에 끝냈다.[12]

이인로가 생산해 공납한 먹은 국왕을 비롯해 중앙관청에
서 사용할 것이었다. 송연먹은 고려지와 함께 당시 중국에서 크
게 호평을 받은 문방사우의 하나였다.[13] 한편, 충주에서 생산된 칼
도 원이 여러 차례 공물로 요구할 만큼 명품이었다.

고려시대의 수공업 생산 시스템

고려청자, 나전칠기, 고려지, 먹, 칼 등이 송, 거란, 원으로부터 호
평을 받고 그곳에서 유통된 사실은 당시 고려의 공예 기술이 높
은 수준에 도달했음을 입증한다. 이러한 기술은 다른 분야에도
영향을 끼쳐 고려 대장경, 금속활자, 불화(佛畵) 등 기술과 지식이
결합한 수준 높은 제품이 생산되고 유통되었으며, 주변 국가들로
부터 호평을 받아 명품의 반열에 올랐다.

그러나 고려의 수공업 제품이 동아시아 세계에서 인기를
끈 것을 장인들의 전문성과 제작 기술의 우수성만으로는 다 설

명할 수 없다. 오늘날 우리나라의 반도체·선박·자동차·스마트폰·TV와 같은 제품이 세계시장에서 주목받는 것은 끊임없는 기술 축적을 사회적 생산 시스템이 뒷받침해 주기 때문이다. 그런 시스템을 갖추려면 국가와 사회의 관심과 지원이 필요하다. 고려의 경우는 어땠을까?

> 고려시대에는 또한 소(所)라는 곳이 있다. 금소(金所), 은소(銀所), 동소(銅所), 철소(鐵所), 사소(絲所), 주소(紬所), 지소(紙所), 와소(瓦所), 탄소(炭所), 염소(鹽所), 묵소(墨所), 곽소(藿所), 자기소(瓷器所), 어량소(魚梁所), 강소(薑所)로 구분되었으며, 해당 생산물을 공납했다.[14]

고려시대의 생산 시스템은 '소(所) 생산체제'였다. '소'는 특수 행정단위로, 금·은·동·철 등의 광산물, 소금·미역·생선·생강·직물·땔감·생선 등의 농수산물, 자기·칠기(나전칠기)·종이·기와·먹 등의 수공업 제품을 전문적으로 생산했다. 소에는 각 제품의 전문 기술자인 장인(匠人)과 생산에 동원된 소민(所民)이 있었다. 중국에서 호평을 받은 청자(자기소), 나전칠기(칠소), 종이(지소), 먹(묵소), 철(철소) 등도 모두 소에서 생산되었다.

소와 함께 장(莊)과 처(處)도 고려시대에 처음 조직되었는데, 사원과 왕실 등에 소속되어 해당 기관의 토지를 경작해 생산물을 세금으로 바쳤다. 한편, 향(鄕)과 부곡(部曲)은 통일신라시대에 개간으로 형성된 새로운 촌락을 군현제로 편제하는 과정에서 생겨났다. 고려 조정은 왕조 건국에 반대한 세력들을 이곳에 편제하여 국가 직속지를 경작하는 역을 맡겼다. 이 같은 소·장·처·향·부곡 등의 특수 행정 단위를 묶어 부곡제(部曲制)라 했는데, 지역 간 사회·경제적 격차가 커서 중앙정부가 전국을 일률적으로 지배할 수 없어 고안한 제도였다. 이처럼 소는 다른 부곡 집단과 함께 사회적·지역적 분업 체제의 일부로서 편성되었다.

고려시대 당시 지방행정 단위인 군현의 전체 수는 500여 개인데, 소를 포함한 부곡 집단은 920개 가까이에 이른다.[15] 소는 전라도 116개(전체의 약 41퍼센트), 양광도(楊廣道, 현재 충청도와 경기도 일부 지역) 78개(전체의 약 27퍼센트)로 전체 소의 약 68퍼센트가 두 지역에 집중되어 있었다. 실제로 고려청자의 주요 생산지가 전라도 강진과 부안 등인 사실이 이를 뒷받침한다.

소에서 생산되는 제품 대부분은 국가 유지에 필요하거나 개경의 문벌귀족 등 상류층이 소비하는 제품이다. 전라도와 양광도는 대체로 서해안에 인접하고 있어, 고려의 수도 개경과 해로를 통해 쉽게 연결되는 지리와 교통의 이점이 있다. 한편, 이곳을 중심으로 통일신라 하대부터 선종(禪宗)이 유행했다. 그래서 다기(茶器)의 수요뿐만 아니라 차 생산에 유리한 자연조건을 갖춰 다소(茶所)도 많이 존재했다. 고려지가 전라도 전주와 남원에서 많이 생산된 것도 서해 해로를 통해 개경에 쉽게 연결될 수 있었기 때문이다.

우리 역사에서 수준 높은 문화가 발달한 시기는 진골귀족층과 문벌귀족층이 지배 세력이었던 통일신라시대와 고려시대라는 점에 주목할 필요가 있다. 통일신라시대에도 고려의 소처럼 수공업 제품을 전문적으로 생산하는 성(成)이 있었다.[16] 두 시기에 귀족층의 취향에 걸맞은 화려하고 때로는 사치스러울 정도로 수준 높은 문화를 낳을 수 있었던 것은 성·소 제도 같은 사회적 생산 시스템을 갖추었기 때문이다.

—

자고로 명품은 기술과 품질이 우수하고 디자인이 빼어나면서 만국의 만인이 모두 공감할 수 있는 이른바 글로벌 스탠더드에 맞는 제품이어야 한다. 놀랍게도 고려시대에 생산된 자기, 나전칠기, 종이, 먹 등 수공업 제품은 중국을 비롯한 동아시아 세계에서 호평을 받았다. 우리나라 역대 왕조에서 생산된 제품 가운데 이렇게 '글로벌한' 호평을 받은 제품은 거의 찾을 수 없다.

오늘날 한국의 대중가요·영화·드라마를 선호하는 해외 트렌드를 '한류(韓流)'라고 한다면, 고려의 수공업 제품은 오늘날 '한류'의 한 갈래인 이른바 'K-culture'의 원조다. 이러한 고려의 수공업 제품은 시대를 불문하고 명품으로 불러도 좋을 것이다.

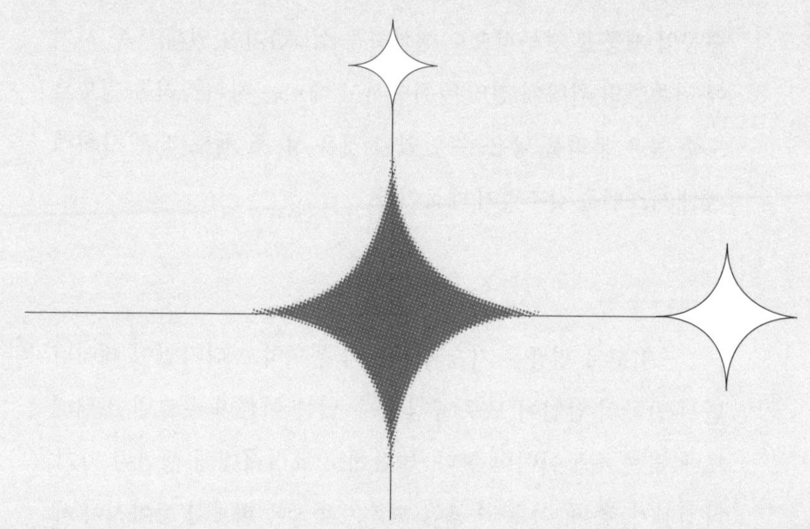

생활문화 혁명을 이끈 기업가 정신

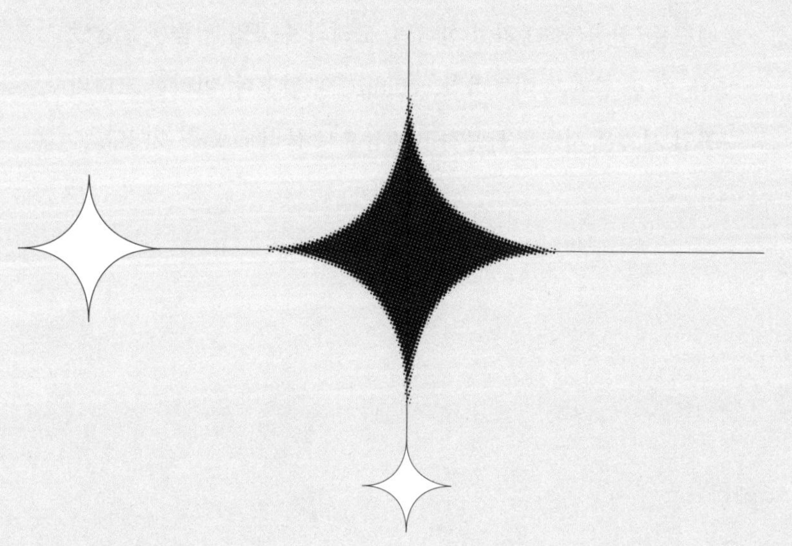

문익점(1329~1398)은 고려 말 목화 종자를 도입하고 재배하여 전국에 보급한 인물이다. 자신이 주로 활동한 고려시대보다 조선시대에 더 높은 평가를 받았다. 물론 오늘에 이르기까지도 그가 우리나라 의류와 생활 문화에 끼친 영향과 의미는 적지 않다. 따라서 현재의 위치에서 문익점을 재조명할 필요가 있는데, 마침 최근에 이러한 움직임이 일어나고 있다. 다음은 기업가이자 역사가이기도 한 윤동한의 글이다.

문익점 선생이 목화씨를 원에서 가져온 것은 직물의 한 종류인 목면 종자가 고려로 도입되었다는 사실을 넘어 한반도 직물 산업에 큰 혁명을 가져왔다. 추위가 매서운 겨울에도 변변한 옷가지 하나 걸치지 못하고 혹한을 견뎌야 했던 우리 선조들은 문익점 선생의 목화 종자 도입 이후 완전히 새로운 변혁을 맞이했다. 목화는 흔히 무명실이나 이불, 옷에 넣는 솜 등으로 쓰인다고 생각하기 쉬운데 실제로는 화승총의 심지나 군인의 갑옷에도 쓰였다. … 목면이 우리 사회에 가져온 변화는 가히 산업혁명과 견줄 만하며, 목면의 도입은 위대한 업적으로 칭송받을 만하다. … 이처럼 한 분야의 산업을 일으키는 데 필요한 여러 안목과 지식을 갖춘 문익점은 목화씨 도입과 재배 성공으로 우리 겨레의 생활 문화에 일대 혁명을 일으킨 개척자로, 문화영웅으로 기억되어야 할 것이다.[1]

윤동한은 문익점이 "한반도 직물 산업에 큰 혁명을 가져왔다"라고 강조한다. 목면은 의류, 침구류뿐 아니라 무기나 갑옷 등 다양한 용도로 사용되었다. 그는 목면이 우리 사회에 가져온 변화는 서구의 산업혁명에 견줄 만하다고 했다. 문익점이 한 분야의 산업을 일으키는 데 필요한 안목과 지식을 갖추고 목화씨 도입과 재배, 보급에 성공했다면서, 그를 우리 겨레의 생활 문화에 혁명을 일으킨 개척자이자 문화영웅으로 치켜세웠다. 이러한 그의 평가는 과연 타당할까? 문익점 관련 기록들을 살펴보자.

목화씨를 몰래 붓두껍에 넣어 가지고 왔다?

'문익점' 하면 가장 먼저 떠오르는 것은 '원에 사신으로 다녀오면서 목화씨를 몰래 붓두껍에 넣어 가지고 왔다'는 식의 흥미로운 일화와 그 진위를 둘러싼 다양한 해석들이다. 그동안 문익점은 활동과 업적보다는 그 배경이 되는 이야기의 주인공으로 소비되어 온 것이 사실이다. 그렇다면《조선왕조실록》은 그를 어떻게 기록했는지 찾아보자.

위 기록에서 잠깐 짚고 넘어갈 부분은 "열매 10여 개를 주
머니에 넣어 왔다"는 대목이다. 우리에게 널리 알려진 '목화씨를
몰래 붓두껍에 넣어 가지고 왔다'는 이야기와 다르기 때문이다.
몰래 가져왔다는 점에서 흥미진진하기는 하나, 이 '붓두껍' 이야
기는 문익점의 목면 도입과 재배가 성공한 뒤에 그것을 미화하기
위해 꾸민 것이라고 봐야 한다.

면직물의 원료가 되는 목면은 인도, 인도네시아 지역이 원
산지다. 중국은 처음에는 주로 공납품으로 수입해 사용하다가 당
나라 때부터 직접 재배하기 시작했다. 이후 남송 말~원 초에 목면
재배가 본격적으로 이루어졌다. 그로부터 얼마 되지 않아 고려에
서도 재배되기 시작했다.

면직물은 우리나라뿐만 아니라 유럽에도 전해져 사회적
으로 큰 변화를 일으켰다. 면직물은 의류로서 빼어난 보온성과
부드러운 감촉, 습기를 흡수해 쾌적하고 가벼운 소재, 잦은 세탁
에도 줄거나 늘어지지 않는 질기고 강한 재질, 다양한 색상의 염
색 등이 특징이다. 따라서 면직물은 어두운 색감의 모직물에 비

해 실용성과 경제성이 높아 유럽의 도시 문화와 서민 생활에 혁명을 가져왔으며, 이는 궁극적으로 면방직업을 중심으로 하는 1차 산업혁명으로 이어졌다.[3]

목면이 보급되기 이전 우리나라 사람들의 의복은 주로 삼베(대마), 모시(저마), 명주였다. 삼베는 보온성이 약해 겨울을 나기에는 부족했다. 모시는 여름용 의료(衣料)였으며, 명주는 값비싼 직물이라 서민들이 입기 어려웠다. 이런 의류 환경에 살았던 문익점이었기에, 원나라에서 목격한 목면은 획기적인 제품으로 보였을 것이다. 목면은 한기를 막고 습기를 흡수하는 점에서 뛰어난 데다가 견고하고 미려하기까지 했기 때문이다.

혼인하는 집은 면포만 사용해야 한다

문익점이 목면 씨를 가지고 귀국한 이후의 상황을 살펴보자.

1364년(공민왕 13) 진주에 가서 전객령으로 벼슬을 그만둔 이곳 사람 정천익에게 씨앗 반을 주어 기르게 했는데, 겨우 1개만 살았다. 정천익은 가을에 약 100개의 씨앗을 얻었다. 해마다 더 심어 1367년(공민왕 16)에는 씨앗을 이웃에 나누어 주어 심어 키우게 했다. 문익점 자신이 심은 것은 모두 꽃이 피지 않았다. 중국 승려 홍원이 정천익의 집에 이르러 목면을 보고 기뻐 울면서, "오늘 우리 땅의 물건(목면)을 보리라 생각하지 못했다"라고 말했다. 정천익은 그를 머물게 하여 며칠 동안을 대접한 후에 실 뽑고 베 짜는 기술을 물었다. 홍원은 자세하게 설명하고 또 그 기구까지 만들어 주었다. 정천익은 여종에게 가르쳐 면포 1필을 짜게했다. 이웃 마을에 전하여 서로 배워 알아서 한 고을에 보급되고, 10년이 되지 않아서 한 나라에 보급되었다.[4]

문익점은 중국에서 가져온 10여 개의 씨를 가지고 정천익과 함께 시험 재배를 했고, 3년 뒤에는 정천익의 성공을 통해 이웃에 나누어 심게 할 정도로 진전을 보였다. 그리고 중국 승려 홍원에게 방적과 직조 기술을 전수받아 10년도 채 되지 않아 면포 보급에 성공한다. 실제로 1370년대 후반이면 주로 경상도와 전라도 지역을 중심으로 목면 재배가 확대된 것으로 보인다.[5] 문익점은 이러한 공로를 인정받아 전의주부(典儀注簿)로 승진했고, 이후에도 여러 차례 승진을 거듭해 좌사의대부에 이른다.[6]

고려 말에 이르면 목면 재배와 면포 보급이 전국으로 확대된다. 1391년(공양왕 3) 방사량이 상소를 올리면서 "앞으로 혼인하는 집은 비단 등 외국의 사치스러운 물건 대신 오직 면포만 사용하게 하자"라고 제안한 것에서 알 수 있다. 목면이 이미 전국적으로 보급되었기에 이 같은 제안이 가능했을 것이다.[7]

목면은 실용적인 면에서 탁월했고 경제성도 뛰어났다. 생산 과정에서 기존의 다른 직물들과 비교해 노동시간이 훨씬 적었다. 방적 과정에서 같은 양의 실을 만드는 데 목면은 삼베, 모시, 명주에 비해 노동시간이 5분의 1에 불과했을 정도다. 농가 경제와 국가 재정에 당연히 보탬이 되었다. 목면이 지니는 실용성과

문익점의 묘 고려 후기의 문신 문익점의 묘다. 사각형의 형태로 만들어졌으며 앞에는 상석과 비석이, 좌우에는 문인석과 망주석, 석등이 세워져 있다.

경제성은 고려 말 이후 조선시대를 거치며 목면 재배와 보급이 전국으로 급속히 확대된 원인이었으며, 우리나라의 의생활에 획기적인 변화를 가져왔다.[8]

조선시대에 접어들어, 권농정책에 따라 목면 재배 지역이 점차 확대된다. 영남과 호남이 가장 활발했고, 성종 대에 이르러 황해도와 평안도에서 성공함으로써 함경도 북부 지역을 제외한 전 지역에서 목면 재배가 가능해졌다. 이러한 노력은 《농사직설(農事直說)》(1540)과 《사시찬요(四時纂要)》(1590) 등 일부 농서에 반영되어 '면화 재배법' 항목이 추가되었는데, 여기에는 16세기 당시 면화 재배 기술이 반영되어 있다.

면포는 명, 여진, 일본과의 무역에서 지불 수단이자 대표적인 수출품이었다. 또한 유통경제에서 마포를 대신해 화폐 역할을 했다. 거래량도 크게 늘어 19세기 초 쌀을 거래하는 군현이 253곳이었던 데 비해 면포를 거래하는 곳은 258곳으로 가장 많았다. 이에 비해 명주는 73곳, 저마포는 175곳에 불과했다. 조선시대 농촌수공업으로 발전한 면업은 염업(소금), 광업과 함께 대표적인 기간산업의 위상을 가지게 되었다.[9]

충선공이 우리 백성들에게 옷 입혔나니

문익점은 목면 재배와 보급의 공로를 인정받아 10여 년간 중앙 관료를 지냈다. 그러나 1389년(창왕 1) 전제 개혁에 반대했다가 개혁파의 탄핵을 받아 파직되어 향리로 퇴거했고, 조선이 건국하고 몇 년 뒤인 1398년 생애를 마쳤다.《고려사》에 나오는 열전의 기록이 개혁파에 의해 탄핵당한 사실로 채워져 있을 정도로 문익점은 고려 말 정계에서 소외되고 배제된 인물이었다.

그러나 조선시대에 들어와 달라졌다. 문익점은 전 왕조 고려의 인물들 가운데 누구보다도 추앙받았다. 1456년(세조 2) 양성지는 세조에게 문익점의 사당을 세우고 그 자손들을 공신으로 삼아야 한다면서 다음과 같이 상소했다. "우리나라는 예전에 목면 종자가 없었습니다. 고려의 문익점이 사신으로 원에 체류하면서 종자를 얻어 심어 드디어 나라에 널리 전파되었습니다. 지금 귀천과 남녀 모두 면포를 입게 되었습니다. … 문익점의 공은 만세토록 백성에게 이로움을 일으켰으니, 그 혜택이 백성들에게 끼

김준근의 〈부녀방적〉 19세기 말~20세기 초에 개항장을 중심으로 활동한 기산 김준근의 풍속화로, 부녀자들이 목화솜에서 무명실을 자아내는 노동 현장을 세밀하게 묘사했다.

침이 어찌 적다고 하겠습니까?"[10] 이에 앞서 1401년(태종 1) 권근도 같은 이유로 상소해서 문익점의 아들을 관직에 진출시켰다.[11]

전근대사에서 크게 추앙받은 것은 대체로 출장입상(出將入相)했거나 충효를 실천한 인물, 유학과 교육을 진흥해 백성을 교화한 인물이다. 즉 왕조와 지배체제 유지에 공헌한 인물들이 추앙의 대상이었다. 반면에 문익점과 같이 흥리제해(興利除害)로 민생의 삶을 개선하고 회복한 인물을 포상하고 추앙하는 사례는 매우 드물다. 그가 목면을 재배하고 보급한 것은 고려 말이지만 그

혜택은 조선왕조도 누렸기에 이같이 이례적인 포상과 추앙으로 나타났던 것이다.

문익점의 문집《삼우당실기(三憂堂實記)》는 후대에 편찬되어 그가 직접 지은 글은 시문 몇 편밖에 남아 있지 않지만, 조선시대의 저명한 문인 25명이 문익점을 기리며 쓴 시문도 실려 있다.[12]

율곡 이이는 문익점의 공적을 떠올리며 이렇게 노래했다.

신농씨가 백성들에게 밭 가는 법을 가르쳤고
후직은 백성들에게 농사짓는 법을 가르쳤다네
충선공(문익점)이 우리 백성들에게 옷 입혔나니
풍성한 공적은 이전보다 두 배나 된다네.[13]

퇴계 이황도 문익점의 공적을 비문 기록으로 남겼다.

우리나라에는 뽕나무나 삼은 겨우 심기는 하나, 실과 솜의 쓰임과 명주의 화려함은 민간에 보급되지 못했다. 그러하니 이 이전에 우리나라 민간에 통용되던 것은 털옷과 삼베, 칡베 등의 종류에 불과할 따름이었다. 이때에 이르러 공(문익점)의 식견과 생각의 원대함으로 인해서 이 면화가 나라 안에 가득히 퍼져 유통되어 ⋯ 우리나라의 수많은 백성이 굶주림과 추위에서 벗어날 수 있을 뿐만 아니라 온 나라의 의관(衣冠)과 문물을 환하고 새롭게 만든 것이다. 즉 우리 조선조에서 특별히 총애하는 명을 뒤쫓아 내린 것은 분수에 넘친 은전이 아니고 마땅한 것이다.[14]

이 기록들을 통해 고려 말 목면 재배와 보급이 조선왕조 이후 민생의 회복과 개선, 의생활 혁명으로 이어졌으며, 그 과정에서 문익점이 물질문명의 진보에 커다란 역할을 한 인물로 재조명되었음을 확인할 수 있다.

또한《삼우당실기》에는 조선의 역대 국왕들이 문익점과 그의 후손을 위해 내린 교서, 그에 대한 제문, 그를 배향한 서원에 사액을 내리는 글 등이 있다. 정조는 문익점을 배향한 사액서원 도천서원과 강성사에 각각 제문을 썼다. 또한 태종, 세종, 세조, 성종, 중종, 선조(2편), 경종, 영조(4편), 정조(2편)는 문익점을 추앙하거나 그 후손을 우대하는 조치를 명령하는 글을 한 편 이상 남기고 있다.[15] 고려 인물 가운데 조선의 역대 국왕들에게 이처럼 많은 관심을 받은 인물은 문익점이 유일하다.

—

문익점은 오늘날의 관점에서도 기업가 정신으로 민생의 복리증진에 이바지한 인물로 재평가받을 만하다. 그는 새로운 기술과 자원을 도입하고 이를 정착시켜 사회 전체의 효용을 증대시킨 인물이다. 즉 혁신을 통해 새로운 가치를 창출하는 오늘날 기업가들의 모습과 상통하지 않을까? 섬유산업에 기반한 K-뷰티가 세계 무대에서 크게 활약하는 21세기에 650년 전의 혁신가 문익점이 떠오른 것은 그의 기업가 정신을 잊지 않고 추구해야 한다는 시대의 요청 때문일 것이다.

문익점에 관한 서로 다른 기록

문익점에 관한 기록은 사료마다 큰 차이를 보인다. 1819년(순조 19) 4권 2책으로 처음 편찬된 이래 1900년(6권 3책)까지 여러 차례 간행되고 내용이 보완된 문익점의 문집《삼우당실기》(1819)는 문익점의 증손 문치창(文致昌, 1400~1474)이 찬한 〈가전(家傳)〉(1464, 세조 10 편찬)의 기록(이하 '가전')에 근거해 편찬되었다. 그런데 문익점에 대한 공식 역사 기록이라 할 수 있는《고려사》문익점 열전(권112)과《조선왕조실록》(이하 '실록')[1]은 가전과 다른 내용이 적지 않다. 문익점을 객관적으로 이해하기 위해서는 두 기록에 나타난 서술의 차이를 살펴볼 필요가 있다.

가전과 공식 역사 기록이 다른 점 하나는 문익점의 생몰년(生沒年)이다. 가전에 따르면, 문익점은 1331년(충혜왕 1) 2월 8일 출생하여 1400년(정종 2) 사망했다. 고려시대 과거에 관한 여러 사실이 기록된 〈전조과거사적(前朝科擧事蹟)〉에도 문익점은 가전과 같이 '신미생(辛未生, 1331)'으로 기록되어 있다. 문집《삼우당실기》에 실린 연보를 비롯해 문익점 행적과 관련된 기록은 모두 가전의 생몰년 기록에 근거해 서술되어 있다. 반면에 실록에 따르면, 문익점의 졸년은 1398년(태조 8)이고 70세에 사망했으니 그의 출생년은 1329년(충숙왕 16)이 된다.[2] 현재 학계는 문익점의 생몰년에 대해 대체로 실록의 기록을 따르고 있다.

또 하나 다른 점은 문익점이 원에서 귀국한 시기다. 실록에 따르면, 문익점이 좌시중 이공수의 서장관으로 원에 갔다가 귀국한 해는 1364년(공민왕 13)이다. 그해 진주에 가서 정천익과 함께 목면을 처음 심었다. 참고로《고려사》공민왕 세가(권40)에 따르면, 이공수는

1363년(공민왕 12) 3월 원에 사신으로 갔다가, 이듬해 10월 귀국했다. 따라서 실록의 기록대로 문익점은 1364년 귀국한 뒤 향리에서 목면을 재배하기 시작했고, 3년이 지난 1367년 이미 이웃에서도 목면을 재배하기에 이르렀다는 것이다.

반면에 가전에 따르면, 문익점은 1364년 바로 귀국하지 않고, 3년 후인 1367년에 귀국했다. 공민왕을 폐위시키고 덕흥군을 국왕으로 책봉한 원의 처사에 반대했다는 이유로 1363년 11월 강남의 교지(交趾) 지역으로 유배되었고 3년 후인 1366년 유배에서 풀려나 1367년 2월 귀국했다는 것이다. 1367년 목면 재배에 성공하고 이웃에까지 그것이 확산되었다는 실록의 기록과 커다란 차이가 있다.

조선시대 문인들은 대체로 가전의 기록대로 문익점의 중국 강남 지역 유배를 사실로 받아들이고 있다. 이수광(1563~1628)은 '붓 대롱에 목화씨 가져온 공적 만세에 길이 전해져/ 옷과 갓 등 문물이 환하게 빛나게 되었도다/ 하늘이 우리 동쪽 나라 운수를 돌봐주느라고/ 일부러 강성군(江城君, 문익점)을 남쪽 변방에 귀양 가게 만들었다네'라는 시를 남겼다.[3] 심지어 근대의 각종 교과서와 전기도 가전의 기록을 근거로 문익점이 강남에서 얻은 목면 씨앗을 붓 대롱에 넣어 갖고 귀국했다며 극적으로 표현하고 있다.

참고로 가전은 1808년(순조 8) 남평 문씨 족보 편찬 과정에서 처음 발견되었다고 한다. 이는 《삼우당실기》가 처음으로 편찬되는 계기가 되었다. 가전의 전문은 이 문집에 수록되어 있으며, 문집의 내용도 가전의 사실에 따라 서술되어 있다.

가전 기록의 신빙성에 대해서는 향후 엄밀한 고증이 필요하다. 가전이 발견된 것이 최초의 편찬 시점(1464)으로부터 거의 350년이나 지난 시점이기 때문이다. 또한 해도(海島)에 거주하는 후손이 소장한 것이라 되어 있는데 소장자와 소장처가 분명하지 않다. 이처럼 가전에

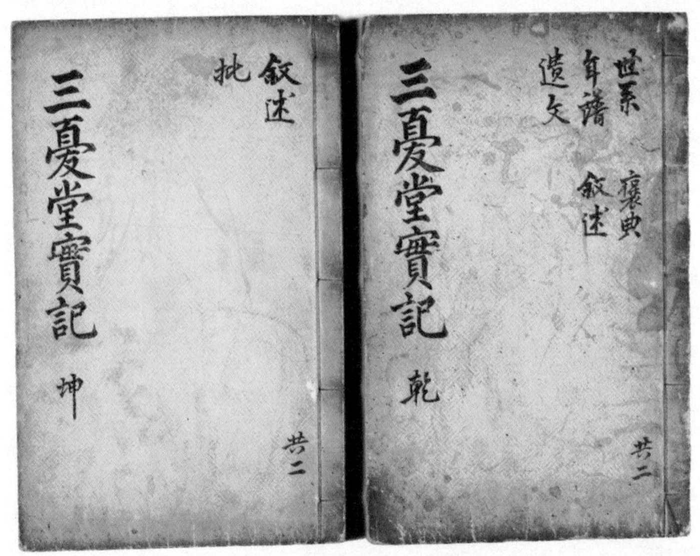

《삼우당실기》 문익점의 문집, 행장, 묘지명 등을 모아 1819년에 간행했다.

기록된 문익점의 생몰년과 강남 지역 유배 사실은 실록 및 《고려사》 기록과 상당한 차이가 있다. 그밖에 문익점의 관력(官歷) 기록도 무척 다르다.[4]

현재 학계는 실록 기록을 더 신빙하고 있다. 당시 중국에서는 목면이 북경까지 보급되어 있어서, 강남 지역이 아니더라도 북경 근교에서 목면 종자를 쉽게 구할 수 있었다고 설명하고 있다.[5]

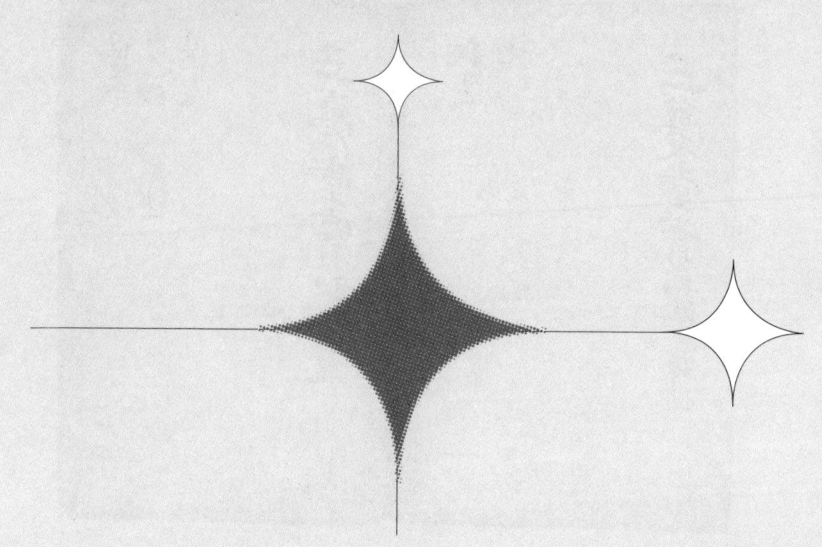

인쇄 종주국의 지식 파워

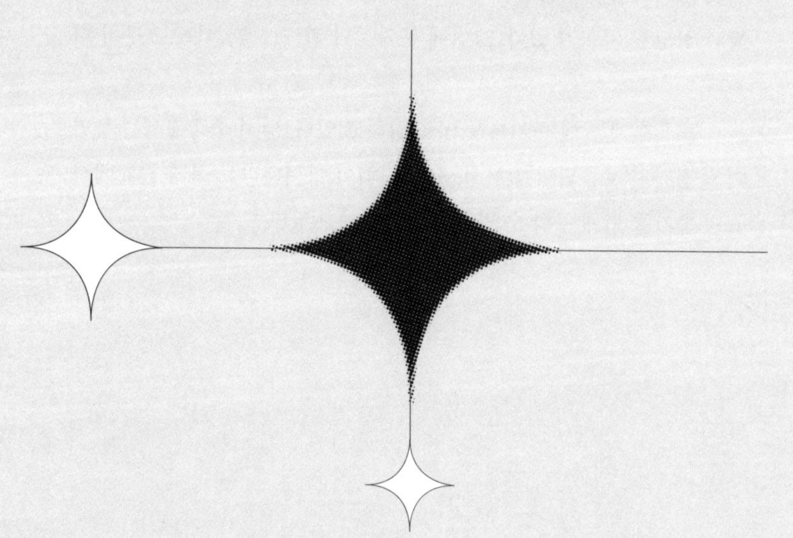

새로운 세기가 시작되는 서기 2000년을 앞두고 미국 시사 잡지
《라이프》가 지난 1,000년간 인류 역사에 영향을 준 인물 100명을
선정한 결과, 종교개혁가 마틴 루터 3위, 아메리카대륙을 발견한
콜럼버스 2위, 금속활자를 발명해《42행 성경》을 인쇄한 구텐베
르크가 1위를 차지했다. 종교개혁과 산업혁명의 단초를 제공하
고 세계사가 봉건제에서 자본제 사회로 이행하는 데 크게 공헌했
다는 것이다.[1] 구텐베르크의《42행 성경》은 약 180부가 인쇄되었
으며, 활자 인쇄물로서는 놀라운 정도의 미적 완성도를 지녔다.
필사본 성경과 구별하기 어려울 정도로 정교했고, 제작 속도와
비용 면에서 비교할 수 없는 혁신을 보였다. 구텐베르크의 금속
활자 발명은 지식과 정보의 확산을 가져와 인간의 지혜와 문명이
새로운 단계로 도약하는 데 크게 기여했다.

그런데 구텐베르크 이전에도 금속활자가 존재했다. 동아
시아 세계의 변방인 한반도의 고려왕조가 구텐베르크보다 먼저
금속활자를 발명하고 실용화한 사실은 놀라운 일이 아닐 수 없다.

나아가 고려에서 창안된 금속활자와 인쇄 문화가 조선왕조에 계
승되어 한글 금속활자가 만들어지는 등 인쇄 문화가 꽃을 피웠다.
나아가 현재 한류 문화의 한 갈래인 K-Book으로 이어져 한국은
출판문화 강국의 면모를 보이고 있다.

인류 문명의 도약에 기여하다

고려왕조 인쇄술을 언급할 때 빠뜨릴 수 없는 인물은 무신정권
최고 권력자의 한 사람인 최이(?~1249)다. 그는 최씨 무신정권을
세운 최충헌(1149~1219)의 아들로, 고종을 허수아비로 만들 정도
의 절대 권력자였는데, 최초로 금속활자를 만들어 이른바《상정
고금예문(詳正古今禮文)》편찬을 주도했다. 이규보(1168~1241)는
최이의 입을 빌려 그 사실을 기록했다.

> 인종 대(1122~1146) 처음으로 평장사 최윤의(崔允儀, 1102~1162)
> 등 17명의 학자에게 옛날과 지금의 서로 다른 예문을 모아 참작
> 하고 절충하게 하여 50권의 책을 만들고《상정예문(詳定禮文)》이
> 라 이름 붙였다. 그러나 오래되어 빠진 글자가 많아 참고하기가
> 어려웠다. 나의 아버지(최충헌)께서 다시 보완해 2부를 만들었
> 다. 한 부는 예관(禮官)에게 보내고 또 한 부는 우리 집에 보관했
> 다. 강화도 천도 때 예관이 한 부를 미처 갖고 오지 못했다. 우리
> 집에 보관된 한 부가 남아 있어 다행이었다. 나는 선친의 선견지
> 명을 깨달아 주자(鑄字, 활자)로 28부를 인쇄하여 여러 관청에 보

고려 금속활자 전(顚) 자와 복(蔔) 자 우리나라에 남아 있는 유일한 고려시대의 금속활자로, 개성 만월대에서 발굴되어 평양의 조선중앙역사박물관에 소장된 '(꼭대기) 전' 자(왼쪽)와 개성의 개인 무덤에서 출토되어 국립중앙박물관에 소장된 '(산 덮을) 복' 자(오른쪽)이다.

관하게 했다.[2]

세계 최초의 금속활자본《상정고금예문》의 탄생 과정을 보여주는 기록이다. 인종 대에 편찬하기 시작해서 의종 대(1146~1170)에 50권으로 완성한 것을 최충헌이 보완했고, 1232년(고종 19) 강화천도 후 남아 있는 한 부를 가지고 최이가 주도해 '주자(鑄字)'로 28부를 인쇄했다는 것이다. '주자'는 목(木)활자와 구별되는 용어로, 구리·아연·주석·납·철 등을 재료로 녹여 부어 만든 금속활자를 의미한다. 최이는 1234년 처음으로 진양(晉州)이라는 작호를 받았고 1242년 후(侯)에서 공(公, 진양공)이 되었으며, 이규보는 1241년 숨졌다. 이를 미루어 볼 때 최초 금속활자본은 1234년에서 1241년 사이에 만들어진 것으로 추정되는데, 학계에서는 처음 작호가 내려진 1234년을 금속활자 제작 연도로 보고 있다.

참고로 제목을 '상정예문'으로 칭한 것은 이규보가 유일하다. 《고려사》 등 여러 기록에는 모두 '상정고금예문'으로 되어 있는데, 이규보가 이를 줄여 '상정예문'으로 칭한 것으로 생각되며, 여기에서는 《상정고금예문》으로 부르기로 한다.

그러나 《상정고금예문》은 현재 전하지 않는다. 금속활자로 인쇄된 사실은 기록으로만 전해질 뿐이다. 금속활자로 인쇄된 책 가운데 현재 전하는 가장 오래된 것은 1377년(우왕 3) 청주 흥덕사에서 간행된 《백운화상초록불조직지심체요절(白雲和尙抄錄佛祖直指心體要節)》(이하 '《직지심체요절》')로 프랑스 국립도서관에 소장되어 있다. 1440년대 독일에서 구텐베르크가 처음 만들었던 금속활자보다 70년가량 앞선다. 고려는 금속활자를 만들어 책을 찍어낸 세계 최초의 왕조다.

활판인쇄의 시초는 중국 송나라 인종 대인 1041~1048년경 필승(畢昇)이 '교니(膠泥, 찰기 있는 점토)'를 이용해 활자를 만든 뒤 불에 구워 활자판에 배열한 것이다. 그러나 흙이 쉽게 부스러지는 등 내구성이 약해 실용화에 실패했다. 중국은 15세기 무렵인 명나라 홍치·정덕 연간(1487~1521)에 강남 지역의 사대부들이 처음으로 금속활자를 완성했다고 하나 실물은 전하지 않으며, 설사 이를 사실로 받아들이더라도 청주 흥덕사의 《직지심체요절》보다 100년 이상 늦다. 고려는 중국에서 금속활자를 만들기

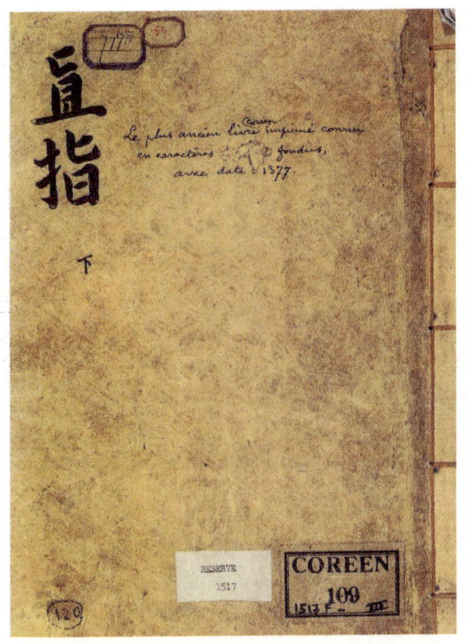

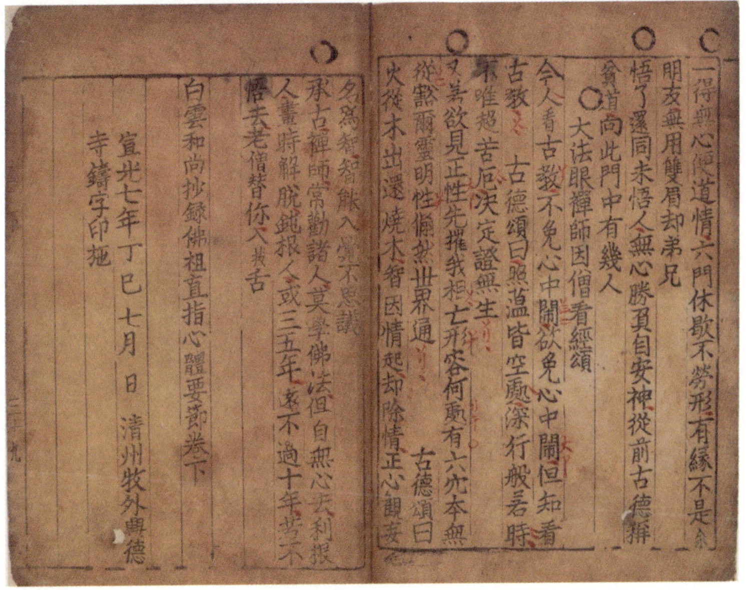

《직지심체요절》 고려 말기의 승려 백운화상이 상하 두 권으로 엮은 책으로, 1377년 7월 청주 흥덕사에서 금속활자로 찍어낸 것이다. 상권은 전하지 않고, 하권은 프랑스 파리국립도서관에 소장되어 있다. 세계에서 가장 오래된 금속활자 인쇄본이다.

《무구정광대다라니경》 751년 통일신라시대에 제작된 불교 경전으로, 세계 최고(最古)의 목판 인쇄물이다. 1966년 불국사 석가탑을 해체·수리하는 과정에서 발견되었다. 두루마리 형태로 남아 있다.

전인 14세기 후반에 홍덕사라는 지방 사찰에서 금속활자로 책을 찍고 있었을 정도로 금속활자의 실용화에 성공했다.

금속활자가 고려시대에 처음으로 만들어진 배경에는 통일신라시대 이래로 꾸준히 축적된 인쇄 기술의 발전이 있다. 나무에 글자를 새겨 책을 찍어내는 목판 인쇄술은 중국 당나라 현종 때(712~756) 등장했지만, 현재 전하는 세계에서 가장 오래된 목판 인쇄물은 751년(신라 경덕왕 10) 제작된《무구정광대다라니경》이다. 통일신라시대에 목판 인쇄 기술이 상당히 발전했다는 증거다. 고려시대에 들어와서는 목판 인쇄로 초조대장경(1011~1087)과 재조대장경(1236~1251)을 제작했다. 그러나 목판 인쇄는 나무를 말리고 살충하고 글자를 새기는 과정에서 시간이 많이 걸리고 경비가 많이 드는 단점이 있다. 이러한 단점을 보완하려는 노력 속에 금속활자가 창안되었다.

금속활자 인쇄 종주국, 조선

국립중앙박물관(이하 '국박')에는 금속활자와 목활자를 합해 약 82만 자가 소장되어 있다. 이 가운데 금속활자가 50여만 점이다. 이는 고려시대에 시작된 금속활자 제작 전통이 조선시대로 계승되었음을 말해주며, 조선시대에는 목활자보다 금속활자를 더 많이 활용했음을 알 수 있다.

국박은 이 금속활자들에 대해 2006년 이후부터 본격적인 연구에 착수했는데, 그중 약 750점이 한글 금속활자다. 필자는 2015년 고려 금속활자에 관한 글[3]을 발표한 적이 있는데, 당시에는 이러한 사실에 대해 미처 언급하지 못했다. 조선시대에 한글이 창제되면서 한글 금속활자가 서적의 인쇄 등에 활용된 사실은 매우 중요하기 때문에 여기에서 추가로 다룰 필요가 있다고 생각한다.

방금 전에 언급한 한글 금속활자 750점 가운데 30여 자는 1461년(세조 7) 간행한 《능엄경언해(楞嚴經諺解)》에 사용된 것이다. 참고로 언해본은 일반 백성들이 이해할 수 있도록 한글로 풀이를 달아놓은 것을 말한다. 언해본을 간행하기 위해서는 한글 활자가 필요했다. 《능엄경언해》에 사용한 한글활자는 을해년, 즉 1455년(세조 1) 제작된 을해자(乙亥字) 병용 한글활자다. 을해자 병용 한글활자는 당시까지 제작 시기를 알 수 있는 세계에서 가장 오래된 금속활자였다.[4] 참고로 한글활자는 제작 당시 고유의 이름을 부여하지 않고, 함께 쓰인 한자활자의 이름을 본떠 '을해자 병용 한글활자(을해자와 함께 사용한 한글활자)'라는 식으로 칭했다.[5]

1446년(세종 28) 9월 한글이 반포되고 이듬해인 1447년 갑인자(甲寅字)로 찍은 언해본으로는《동국정운(東國正韻)》,《월인천강지곡(月印千江之曲)》 등이 있다. 아쉽게도 2000년대 초반까지 갑인자 병용 한글활자는 확인하지 못했다. 그 밖에 국박에 소장된 나머지 한글활자는 약 20여 종인데, 대부분 1668년(현종 9) 제작된 무진자(戊辰字)에서 1772년(영조 48) 임진자(壬辰字) 제작 이전까지 사용한 활자다.

국박이 주관한 조선시대 금속활자 연구는 우리 역사에서 공백으로 남아 있던 조선왕조 금속활자의 존재와 인쇄 문화에 대한 연구가 본격적으로 시작되는 계기가 되었다.[6]

그런데 2021년 6월 29일 조선시대 금속활자 연구에 기념비적인 장이 열렸다. 서울 종로구 인사동에서 훈민정음 창제 당시 표기가 반영된 최초의 한글 금속활자를 비롯해 15~16세기에 제작된 금속활자가 무려 1,600여 점이나 나왔다. 유물들은 문화재청(현재 국가유산청)과 (재)수도문물연구원이 주관한 서울 공평구역 제15, 16지구 도시환경 정비사업부지 내 유적에서 출토되었다. 조선시대 금속활자 제조와 인쇄 제작이 고려왕조에 못지않게 활발하게 이루어졌음을 잘 보여주는 발굴이었다.

인사동 발굴 금속활자 2021년 6월 29일 서울 종로구 인사동에서 발굴된 금속활자들이다. 훈민정음 창제 당시 표기가 반영된 최초의 한글 금속활자를 비롯해 15~16세기에 제작된 금속활자 1,600여 점이 무더기로 나왔다.

주목되는 사실은 조선 최고(最古)의 활자로 알려진 갑인자(甲寅字)가 인사동에서 처음 출토되었다는 점이다. 1434년(세종 16) 제작된 갑인자는 발굴 당시까지 가장 오래된 한글활자로 알려진 을해자보다 21년 앞서 제작된 활자다. 인사동 출토 유물로 인해 그동안 실체가 불분명했던 국박 소장 금속활자 가운데 갑인자가 존재한 사실을 확인하는 성과를 거두었다.[7]

이처럼 많은 금속활자를 만든 예는 다른 나라에서 찾아볼 수 없다. 1403년(태종 3) 조선시대 최초로 한자 금속활자가 제조된 이래 1858년(철종 9)까지 무려 24차례나 금속활자가 제조되었으며, 해당 금속활자로 간행한 책의 목록과 활자 실물 관련 기록이 온전한 상태로 남아 있다. 또한 활자 보관장(保管藏)과 활자 목록까지 있다. 이는 세계에서 찾아보기 어려운 사례다.

중국은 인쇄술 발명국으로 세계에서 공인을 받고 있다. 둔황에서 금강경이 발굴되었는데, 856년 간행한 목판인쇄본이었다. 송대에는 필승이 흙을 구워 만드는 활자를 발명했다. 1298년 왕정(王禎)의 《농서(農書)》는 목활자 3만여 자로 찍은 책이라 한다. 그러나 중국에서 금속활자로 찍은 책으로 현재 전해지는 것은 1726~1728년 청 황실에서 구리활자로 인쇄한 《고금도서집성(古今圖書集成)》이다. 일본은 도쿄의 토판인쇄박물관에 금속활자 3만여 점이 소장되어 있다. 도쿠가와 이에야스가 1606년부터 1616년까지 3차에 걸쳐 제작한 활자의 일부다. 이 가운데 가장 이른 것은 조선 활자의 영향으로 1607년 주조된 쓰루가판 구리활자다. 그러나 국박에 소장되어 있는 조선의 활자는 쓰임새와 계보가 뚜렷한 세계 유일의 활자이며, 그 수량과 종류도 다른 나라 활자와 비교할 수 없다. 이 활자들은 조선이 명실공히 인쇄의 종주국임을 알려주는 살아 있는 증거다.[8]

금속활자 제조의 원동력은 강한 지적 욕구

조선왕조가 고려시대에 이어 금속활자를 제조하고 인쇄 문화를 발전시킨 배경은 무엇일까? 먼저, 지식의 측면에서 선진문물을 수용하려는 욕구가 왕성했다는 점을 들 수 있다. 정도전의 글이 그런 사정을 잘 알려준다.

무릇 선비로서 학문의 길로 향할 마음이 있으나 서적을 얻지 못하면 또한 어찌하겠는가? 우리나라는 서적이 많지 않아 배우는 자가 책을 폭넓게 읽지 못하는 것을 한스럽게 여긴다. 나 역시 이를 오래전부터 걱정해 왔다. 그래서 서적포(書籍鋪, 고려 숙종 대에 설치)에서 활자를 주조해 경(經)·사(史)·자(子)·서(書)와 제가(諸家)의 시문부터 의학·병서·법률서에 이르기까지 모든 서적을 인쇄해 학문에 뜻을 둔 사람들이 이를 모두 얻어 독서해 공부하는 때를 놓쳐 한탄하는 일이 없도록 했으면 한다.[9]

금속활자 제조 배경에 고려인의 강한 지적 욕구가 있었음을 잘 보여준다. 이러한 경향은 조선 건국 이후에도 달라지지 않았다. 권근은 1403년(태종 3) 조선시대 최초의 금속활자인 계미자(癸未字)를 제작하는 발문에서 태종의 생각을 다음과 같이 전하고 있다.

1403년(태종 3) 봄 전하는 신하들에게, "나라를 다스리려면 반드시 넓게 전적(典籍)을 읽어 이치를 추구하고 마음을 바르게 해야 수신제가 치국평천하의 효과를 이룰 수 있다. 우리나라는 해외에 있어 중국 서적이 드물고, 판각본(板刻本, 목판본)은 쉽게 훼손되고 또한 천하의 많은 서적을 다 간행하는 일이 어렵다. 동활자를 만들어 책을 얻는 대로 반드시 인쇄하고 널리 전하는 일이 진실로 끝없는 이익을 가져다줄 것이다"라고 했다.[10]

　이같이 금속활자를 제조해 여러 종류의 책을 빠른 시간에 인쇄하여 널리 전파하려는 욕구는 고려시대에 이어 조선시대에도 변함이 없었다. 고려와 조선을 잇는 길목에서 정도전과 태종의 생각은 다르지 않았으며, 그것이 고려의 금속활자 제조와 인쇄 문화가 조선으로 계승되는 원인이 되었다.

　이번에는 금속활자를 제조하고 인쇄 문화를 발전시킨 배경을 제작의 측면에서 살펴보자. 금속활자를 만든 것은 원하는 책을 원하는 만큼 쉽게 구할 수 없어 활자로 책을 간행해야 했기 때문이다. 목판인쇄를 하기 위해서는 나무의 결을 삭히고 쪄서 진을 빼고 살충한 다음 충분히 말려 판이 뒤틀리거나 깨어지지 않게 처리해야 한다. 새기려는 책의 본문을 반듯한 글씨로 필사해 판목 위에 뒤집어 붙인 뒤 각수(刻手, 돌이나 나무에 조각하는 것을 직업으로 삼는 사람)가 새겨야 한다. 이는 시간이 오래 걸리고 비용이 많이 든다. 여러 부를 찍어낼 수 있지만 한 종의 책을 인쇄하는 것으로 목판인쇄의 수명은 다한다. 또한 목활자의 경우 금속활자보다 제작 시간과 비용이 더 든다. 이러한 단점을 기술적으로 보완하기 위해 금속활자를 대량으로 제조한 것이다.

　금속활자는 활자를 금속으로 만드는 주조 기술, 활자가 흐트러지지 않게 판을 짜는 조판 기술, 금속에 잘 묻는 먹 제조 기술 등 세 가지 조건을 갖춰야 한다.[11] 이런 까다로운 조건이 충족되면, 한번 만들어 놓고 필요할 때마다 활자를 집어내 판을 짜 손쉽게 여러 종류의 책을 찍어낼 수 있다.

—

　고려가 제작하고 발전시킨 금속활자와 인쇄 기술은 성리학과 사대부 중심의 문치주의 조선왕조에 계승되었고, 우리나라는 인쇄 문화와 인쇄 기술의 종주국으로서 위상을 유지했다. 세계 최초로 금속활자를 발명한 인쇄 문화의 DNA는 현대까지 이어져 한국 출판계에 면면히 흐르고 있다. 한류의 유행과 함께 한강 작가의 노벨문학상 수상 등으로 출판문화가 활성화되었다. 더 나아가 K-Book이 세계로 진출하는 밑바탕이 되고 있다. 최근 한국 문학의 번역, 출판진흥원의 해외 수출 지원 사업, 출판업계의 해외 도서전 참가, K-Book 관계자들의 국제 교류 등의 영향으로 현지 언어로 출간된 한국 관련 도서들이 대거 늘어나고 있다. 아시아 지역에서 시작된 한류 붐이 남미와 유럽, 중동 등으로 확장되면서, 외국 서점에서도 K-Book이 해당 국가의 서적들과 함께 나란히 진열되어 있는 모습이 낯설지 않은 시대를 우리는 살고 있다.

2 천 년을 이어온
고려의 세계관

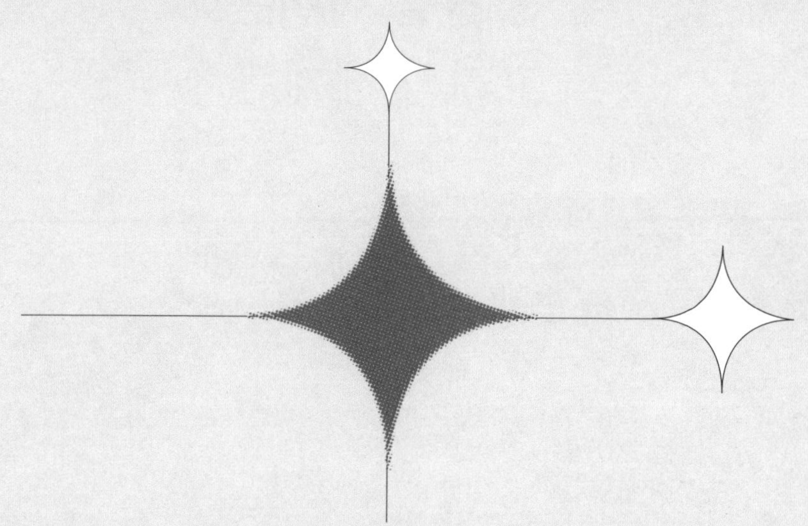

왕건이 이름 붙인 도시들

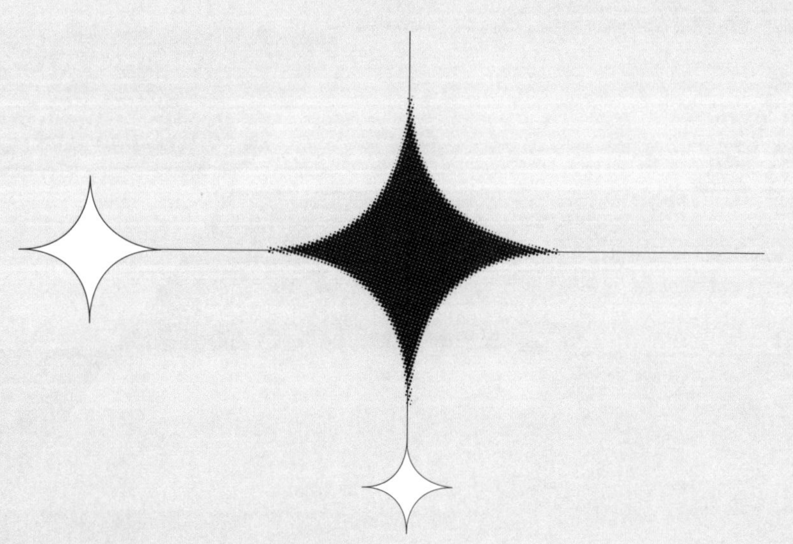

경상북도 안동시는 '한국 정신문화의 수도'라는 슬로건을 사용한다. 퇴계 이황, 서애 류성룡을 비롯한 훌륭한 유학자를 배출했고 도산서원, 병산서원 등 조선 유교문화의 전통을 상대적으로 잘 보존하고 있으니 그런 호칭을 붙일 만하다. 그런데 '안동(安東)'이라는 이름은 이런 조선시대의 이미지와 잘 어울리지 않는다. '동쪽 지역이 평안해졌다'는 의미고, 668년 고구려가 멸망한 후 당이 설치했다는 '안동도호부'라는 이름이 떠오르기도 한다. 경상북도 경주(慶州)는 신라시대에 '서라벌'이었다. '경(慶)'은 경사, 축하할 만한 기쁜 일을 뜻한다. 무슨 경사스러운 일이 있었기에 '경주'로 이름을 바꾼 걸까? 이런 의문점을 풀려면 고려 건국 초 태조 왕건이 후삼국 통합 행보를 이어가던 시절로 돌아가야 한다. 그 시점에서 안동과 경주뿐 아니라, 현재 우리나라 행정구역에 사용되고 있는 이름들이 언제 등장했고, 어떤 과정을 거쳐 오늘에 이르렀는지 살펴보자.

대한민국의 광역지방자치단체(이하 '광역단체')는 1특별시(서울), 6광역시(부산·인천·대구·대전·광주·울산), 1특별자치시(세종), 6도(경기·충남·충북·전남·경북·경남) 3특별자치도(강원·전북·제주) 등 모두 17개 행정구역으로 편제되어 있다. 흥미로운 점은 현재의 행정지명 대부분이 시기적으로 가까운 조선시대가 아니라 그 이전 고려시대에 제정된 지명과 일치한다는 사실이다. 17개 광역단체 가운데 인천, 광주, 대구, 울산, 경기, 충청(2), 전라(2), 경상(2), 제주 등 12개가 고려시대에 유래한 지명이다(단, 대구는 통일신라시대에 제정되어 고려시대를 거쳐 현재에 이른 지명).

기초지방자치단체(이하 '기초단체')의 경우 자치시는 46개, 자치군·구는 39개가 고려시대에 처음 등장했다. 여기에 통일신라시대 경덕왕 때(재위 742~765) 처음 제정되어 고려시대를 거쳐 현재에 이른 자치시(9개)와 자치군(24개)까지 합하면, 자치시 55개, 자치군 63개에 이른다. 읍·면의 경우도 고려시대에 제정된 것(81개)에 경덕왕 대에 처음 제정된 것(43개)까지 합하면 124개나 된다.

한국사에서 한반도의 행정구역이 크게 변화한 것은 통일신라 말~고려 초, 즉 9~10세기다. 가장 주목할 점은 군현의 수가 대폭 늘어난 것이다.《고려사》〈지리지〉에 따르면 고려의 군현은 모두 504개로, 통일신라시대(약 390개)에 비해 큰 폭으로 늘어난 수치다. 나말여초 시기에 이같이 큰 폭의 변화가 생긴 것은 태조

고려시대에 지명이 유래한 광역단체

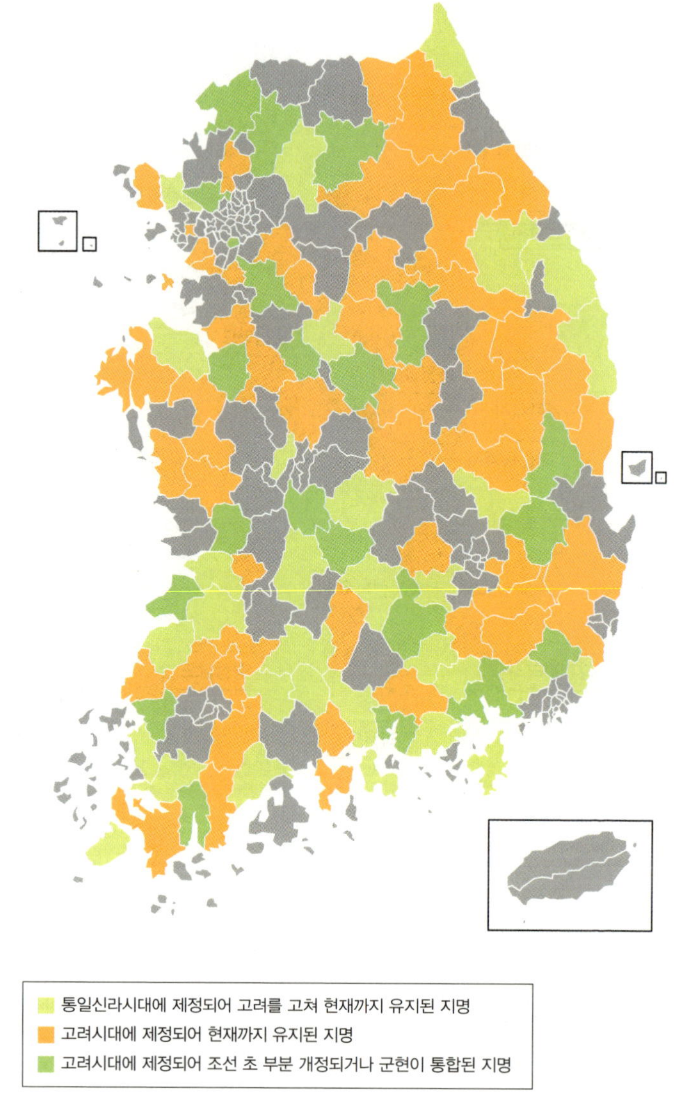

고려시대에 지명이 유래한 기초단체

왕건이 후삼국을 통합하는 과정에서 군현의 수를 대폭 늘렸기 때문이다.

당시 전국 각지에 독자의 군사력과 경제력을 가진 반(半)독립적인 호족 세력이 다수 존재하고 있었다. 태조는 후삼국 통합전쟁의 승자가 되기 위해서는 그들의 지지와 협조가 필요했다. 그래서 그들의 근거지를 중심으로 주변 지역을 묶어 새로운 군현을 신설함으로써 그들의 권위와 자치권을 인정하는 형식의 군현 개편을 실시했고, 그 결과 군현이 크게 증가한 것이다.

태조의 군현 개편은 크게 두 가지 방식으로 이루어졌다. 하나는 군현을 신설한 경우로, 천안부(天安府)를 예로 들어보자.

(천안부는) 고려 태조 13년(930) 동·서 두솔(兜率)을 합해 도독이 설치되었다〔세상에 전해지기를, 술사인 예방(禮方)이 태조에게, "(이곳은) 삼국의 중심지로서, 다섯 마리의 용이 구슬을 다투는 형세입니다. 만약 이곳에 큰 군현을 설치하면, 백제가 스스로 항복할 것입니다"라고 말했다. 태조가 산에 올라가 주위를 둘러보고, 처음으로 이곳에 천안부(天安府)를 설치했다〕.[1]

태조가 지금의 충청남도 천안 지역에 군현을 설치한 것은 930년(태조 13)이다. 천안은 당시 풍수지리사 예방의 말에 따라 태조 왕건이 붙인 이름이다. 즉 태조가 '여기에 큰 고을(군현)을 두면 백제가 스스로 항복할 것'이라는 말을 듣고 산에 올라 주위를 둘러본 뒤 새 고을을 만들고 '하늘이 편안하다(天安)'라는 뜻으로 천안이라 지은 것이다. 이 지역은 후삼국시대에 고려의 군사적 요충지였다. 936년 후백제의 왕 신검과 마지막 전투를 치르러 갈 때 천안을 본진으로 삼고 출발한 사실도 예사롭지 않다.

후삼국 통합의 상징, 안동과 경주

군현을 개편하는 또 하나의 방식은 기존의 군현을 주와 부로 승격시킨 경우다. 태조는 군현을 신설하는 것과 같은 맥락에서 호족들이 기존에 가지고 있던 군현을 주와 부로 승격하는 작업도 함께 벌였다. 이 경우는 세 가지 사례를 들어 살펴보자.

첫째, 지금의 광역시 울산은 원래는 '울주(蔚州)'였다. 고려 초기에 이곳을 울주로 고친 사실이 다음과 같이 기록되어 있다.

> 울주. … 고려 초에 지금의 이름(울주)으로 바뀌었다. … 〔태조 때 이 고을 사람 박윤웅(朴允雄)이 큰 공을 세워 하곡(河曲)·동진(東津)·우풍(虞風) 등의 현을 병합해 흥례부(興禮府)를 설치했다.〕[2]

이 지역 출신 호족 박윤웅이 세운 공로를 인정하여 태조가 하곡·동진·우풍의 세 지역을 하나로 합쳐 더 큰 행정 단위를 설치했다. 위 기록에 따르면, 울주는 '흥례부'라고도 불렸는데, '흥려부(興麗府)'와 같은 의미로도 쓰였다.《경상도지리지》에 따르면, "(태조가) 고려를 일으켜 세웠다는 뜻(興高麗)으로 '흥려부'라

이름 지었다"[3]고 한다. 울주의 '울(蔚)' 역시 번성하게 한다는 뜻이니, 울주는 고려를 일으켜 번성하게 할 지역이라는 뜻에서 지어진 지명이었다고 짐작된다.

태조는 단지 박윤웅의 공만 염두에 두고 이름을 붙이지는 않았을 것이다. "930년(태조 13) 2월 신라 동쪽의 바다에 연해 있는 주군부락, 즉 명주(지금의 강릉)에서 흥례부에 이르는 110여 성이 모두 고려에 와서 항복했다"[4]는 사실에 주목해야 한다. 강릉에서 울산에 이르는 동해안 성들의 호족들을 대거 고려에 귀순시킨 지역이 울주이며, 이를 주도한 인물이 이곳 출신 호족 박윤웅이었던 것이다. 태조가 울주로 바꾼 것은 이 때문이다.

둘째, 이번에는 서두에서 언급한 안동의 사례를 살펴보자. '안동'이라는 이름 역시 '울주'와 같은 해에 등장했는데, 어떤 내막이 있었을까?

930년(태조 13) 태조는 이곳에서 후백제 왕 견훤과 싸워 이겼다. 이곳 사람 김선평(金宣平), 권행(權行), 장길(張吉)이 태조를 도와 공을 세웠다. 김선평은 대광(大匡), 권행과 장길은 대상(大相)의 벼슬을 주고, 이곳을 안동부로 승격했다.[5]

여기서 '이곳'은 고창(古昌)으로, 지금의 전라북도 고창(高敞)과 다름에 유의해야 한다. 930년 태조는 후백제 견훤의 군사를 물리치고 나서 '(고려 수도 개경 아래의) 동쪽 지역이 평안해졌다'는 의미로 고창(古昌)을 지금의 지명인 안동(安東)으로 고쳤다.

안동 도산서원 성리학의 대가 이황의 학문과 덕행을 기리기 위해 건립되었다. 도산서원을 비롯해서 조선의 유교문화 전통을 잘 보존하고 있는 안동은 우리에게 '한국 정신문화의 수도'라는 이미지가 강한 도시이다. 그러나 그 지명은 고려와 후백제의 처절한 전투를 계기로 지어진 것으로, '동쪽 지역이 평안해졌다'는 의미를 담고 있다.

안동은 일반적으로 안남(安南)·안서(安西)·안북(安北)과 같이 수도를 중심으로 군사적 거점이 되는 네 지역을 지정해 설치하는 군사도시(도호부)를 말한다. 국토와 백성의 평안을 뜻하는 한자 '안(安)'을 각각의 방위 이름에 관행적으로 붙였다. 당이 고구려를 멸망시킨 뒤 고구려 지역에 설치한 안동도호부도 그러한 사례다. 이 지역들은 방어의 편의상 사정에 따라 수시로 옮기기도 했다. 그러나 안동은 그때 지은 이름이 굳어져 지금에 이르고 있다. 현재 안동은 '한국 정신문화의 수도'라는 이미지가 강하지만, 그 이름은 조선이 건국되기 수백 년 전 고려와 후백제의 처절한 전투를 계기로 생겨났다는 점도 함께 기억해 두자.

셋째, 이번에는 현재 경상북도에 속한 경주를 보자. 신라의 수도 서라벌은 어떻게 경주라는 이름을 갖게 되었을까?

935년(경순왕 9) 10월에 왕은 여러 신하와 고려에 항복할 것을 논의했다. 찬성하거나 반대하는 자도 있었다. (경순왕의) 왕자는 천년 사직을 가볍게 넘겨주는 것은 옳은 일이 아니라고 반대했다. … 왕이 항복을 결정하자 그는 개골산(皆骨山, 금강산)에 들어가 삼베옷을 입고 풀을 먹으며 일생을 마쳤다〔마의태자(麻衣太子)로 불림〕.[6]

잘 알려진 마의태자 전설의 바탕이 되는 이야기인데, 이 기록을 통해 신라 내부에서 항복에 반대하는 세력이 있었음을 알 수 있다. 그럼에도 경순왕은 935년 11월 직접 고려를 찾아가 항복했다. 같은 해 6월 후백제 견훤이 투항한 데 이어 5개월 만에 벌어진 일이었다. 신라의 항복은 고려의 후삼국 통합에 결정적인 계기가 되었다.

> 935년(태조 18)(신라) 경순왕 김부가 와서 항복하자, 경주(慶州)라 했다.[7]

태조 왕건은 경순왕의 항복이 '고려왕조에 경사를 안겨주었다'는 의미를 담아 옛 신라의 수도 이름을 경주로 바꾸었다. 마의태자 같은 반대 세력에게는 절망과 불행의 이름이지만, 태조 왕건에게는 경사스러운 일을 기념하는 이름이었을 것이다.

고려가 바꾼 지명들

앞에서 고려 초에 군현이 증가하고 기존의 군현이 주와 부로 승격하는 사례들을 살펴보았다. 이 지명들은 조선시대를 거쳐 현재에 이르는 과정에서 저마다 상이한 운명을 맞았는데, 크게 세 가지로 분류할 수 있다.

첫째, 고려시대에 바꾼 지명이 현재까지 그대로 남아 있는 경우로 광주(光州)가 대표적이다. 광주는 940년(태조 23) 무주(武州)에서 지금의 이름으로 바뀌었다. 그해에 주부군현(州府郡縣) 명칭 개정 조치[8]를 단행했는데, 이는 고려 최초의 전국 단위 군현 개편이었다. 이때 광주(廣州), 충주, 원주, 청주, 공주, 상주, 전주, 나주 등도 함께 개편되었다.

둘째, 고려시대에 정해진 지명이 조선시대에 재개정되어 현재에 이른 경우이다. 대체로 주(州) 단위 행정 명칭이 '○州'에서 '○山' 혹은 '○川'으로 바뀌었지만, 지명의 원래 의미는 바뀌지 않았다.

원래 우리나라와 중국에서 주(州)는 상급 지방행정단위이다. 원칙적으로 인구나 토지 규모가 큰 지역이 주가 되었다. 신라가 삼국을 통일한 후 옛 삼국 지역에 각각 세 개의 주를 설치한 바 있다. 옛 고구려 지역의 한주(광주), 삭주(춘천), 명주(강릉), 옛 백제 지역의 웅주(공주), 전주(전주), 무주(광주)가 그 예다. 이 주들은 당시 인구와 토지 규모가 큰 대읍(大邑)의 거점 지역이었다.

고려의 주는 후삼국 통합전쟁 당시 많이 설치되었다. 대체로 고려에 투항하거나 협조한 호족의 근거지나 태조와 혼인한 호족의 근거지를 승격해 주로 편제한 경우가 많았다.[9] 공로에 대한 보상으로 승격되었기 때문에, 당시의 주는 인구나 토지 규모가 작은 경우가 많았다. 이러한 모순은 조선 초기 군현 개편 과정에서 해소되기 시작했다.

1413년(조선 태종 13) 인구와 토지 규모가 작은 주의 이름을 '○州'에서 '○山' 혹은 '○川'으로 바꾸었는데,[10] 인천이 대표적이다. 고려 인종 때(재위 1122~1146) 모후 순덕왕후 이씨의 고향이라는 이유로 인주(仁州)로 승격되었다가 조선 태종 때 인천으로 바뀌었다. 그러나 '인주'의 흔적은 현재까지 남아 있다. 인천광역시 남동구에 있는 '인주대로(仁州大路)'가 그 예다.

고려시대의 'ㅇ州'가 조선 초기에 'ㅇ山' 혹은 'ㅇ川'으로 바뀐 예는 인주 말고도 많다. 포주(포천), 과주(과천) 제주(제천), 아주(아산), 영주(영천), 울주(울산), 양주(양산), 사주(사천), 춘주(춘천), 괴주(괴산), 진주(진천) 합주(합천), 금주(금산) 익주(익산), 연주(연천) 등이다. 심지어 죽주(안성시 죽산면), 목주(천안시 목천읍), 임주(부여군 임천면) 등 '주' 단위 이름이 현재 읍·면 단위의 지명이 된 경우도 있다.

셋째, 조선 초기에 군현을 개편하는 과정에서 고려시대의 군현을 통합하면서 각 군현의 명칭을 한 글자씩 따와 군현의 이름을 새로 만든 경우인데, 여전히 고려시대에 제정된 지명을 유지하고 있다. 이 가운데 현재의 시와 군의 명칭으로 유지된 예는 다음과 같다.

고려	조선 초 ~ 현재
의창(義昌) + 회원(會原)	창원(昌原)
고봉(高峯) + 덕양(德陽)	고양(高陽)
용구(龍駒) + 처인(處仁)	용인(龍仁)
청부(靑鳧) + 송생(松生)	청송(靑松)
은풍(殷豐) + 기천(基川)	풍기(豐基)
부영(扶寧) + 보안(保安)	부안(扶安)
무풍(茂豐) + 주계(朱溪)	무주(茂朱)
도강(道康) + 탐진(耽津)	강진(康津)
함풍(咸豐) + 모평(牟平)	함평(咸平)

군현의 이름을 한 글자씩 따서 새로 지은 경우

지금의 창원시는 고려시대 의창현과 회원현에서 한 글자씩 따와서 조선 초기에 만든 이름이다. 고양·용인·청송·풍기·부안·무주·강진·함평 역시 마찬가지다. 비록 조선 초기에 만든 명칭이지만, 실제로는 고려 군현 명칭에서 유래한 것이라 하겠다.

고려시대 504개의 군현이 조선 전기에 약 330개의 군현으로 대폭 축소된 것은 이같이 군현이 통합되거나 영세한 군현이 폐현(廢縣)되거나 주변 군현의 직할 촌락〔直村〕으로 재편되었기 때문이다.[11] 그러나 군현 명칭은 대부분 고려시대의 명칭이 그대로 유지되었다.

고려시대 지명의 생명력이 길었던 이유

고려시대의 지명이 거의 1,000년간 유지될 수 있었던 원인은 무엇일까? 앞서 언급한 940년은 후삼국이 통합된 지 4년이 지나 통합의 제도적 기반을 마련하기 위한 여러 개혁 조치가 이루어진 시기다. 그해에 중앙과 지방의 유력자들에게 성씨와 본관을 내리는 '토성분정(土姓分定)'이 실시되었다. '토'는 지역, '성'은 혈연을 뜻한다. 전국의 중요한 지방 세력들에게 성씨와 함께 그들의 거주지를 본관으로 지정함으로써 그들의 영역에 대한 지배권을 인정해 주고, 지방 세력의 자율성을 최대한 존중하고자 취한 정책이었다. 이를 계기로 지방 세력을 국가의 지배 질서에 편입시켜 그들로 하여금 민의 유망을 방지하고 조세와 역역을 수취하여 국가의 물적 기반을 확보하고 지방 사회를 안정시켜 지역과 계층을 통합하게 하는 것이 목적이었다. 이때 함께 시행된 군현 명칭 개정은 본관 단위의 명칭을 설정하는 일과도 관련이 있었다. 현재 성씨의 본관 가운데 고려시대의 군현 명칭이 유독 많다. 이는 당시 고려 지배 세력들이 본관으로 지정된 지명을 유지하기 위해 애썼기 때문이며, 그것이 고려시대의 많은 지명이 현재까지 이어져 내려온 하나의 원인이 되었다.

—

태조 왕건은 후삼국 통합을 마치고 4년 뒤인 940년(태조 23) 앞서 언급한 것처럼 전국 주부군현의 명칭을 개정했다. 그런데 그해에 주부군현의 명칭을 바꾼 사례는 《고려사》〈지리지〉에 따르면 16개만 보인다. 시기의 폭을 넓혀서 '태조 대'로 명기된 개편 사례는 앞의 16개를 포함해서 모두 21개다. 그러나 명확한 개정 연도가 알려져 있지 않고 '고려 초'라고만 기록되어 있는 군현 개편 사례가 148개나 된다. 이같이 태조 대의 군현 개편은 고려 건국 직후부터 꾸준히 이루어졌으며, 통일 후인 940년에 제도적으로 완성되었다. 따라서 940년의 군현 개편은 그해에 일시에 다 이루어진 것이 아니라, 고려 건국 이후 제반의 역사적 변동 속에서 이루어진 개편 내용들을 그해에 제도적으로 추인·확인하는 과정이었음을 짐작할 수 있다. 이 과정에서 대부분의 군현 명칭이 처음으로 제정되었는데, 이때 제정된 지명이 조선시대를 거쳐 현재의 행정지명으로 그대로 이어지고 있다. 나아가 통일신라시대의 경덕왕 대에 개정되어 고려시대에 사용된 지명이 현재까지 이어진 사례까지 합하면 현재 행정지명의 약 70퍼센트에 이른다. 이는 대한민국 행정지명의 기원이 고려왕조였다는 사실을 확인시켜 준다.

고려 기원의 현대 행정지명

고려시대에 제정된 지명이 조선왕조 500년을 거치면서도 변하지 않고 현대 행정지명의 절반 이상을 차지하고 있다. 이러한 사실은 고려시대에 우리나라 지방 행정제도의 골격이 마련되었으며, 그 유산이 지금까지 계승되고 있음을 뜻한다. 고려 기원의 현대 행정지명을 구체적으로 정리하면 다음과 같다.

참고 사항

1. [자료 1]과 [자료 3]의 괄호 안은 고려시대에 지명이 제정된 시기를 나타내며, 나머지는 그 시기가 명기되지 않은 채 막연히 '고려' '고려 초'로 기록된 경우이다.

2. [자료 1]과 [자료 3]의 *표시 지명은 'ㅇ州'로 표기된 고려 군현이 조선시대에 'ㅇ山' 혹은 'ㅇ川'으로 고쳐진 경우다. 고려시대에 사용된 'ㅇ' 명칭이 지금까지 유지된 경우로 보아야 한다.

3. [자료 1]과 [자료 3]의 ** 표시 지명은 조선 초기 복수의 고려 군현을 통합하면서 각 군현의 명칭을 따와 합성한 경우다. 역시 고려시대의 군현 명칭이 지금까지 유지된 경우로 보아야 한다.

4. 지명 기재는《고려사》〈지리지〉의 기재 순서를 따랐다.

5. 북한 지역 행정지명은 자세한 내용을 확인할 수 없어 제외했다.

[자료 1] 고려 때 제정된 현대 행정지명(市·郡·區)

시·군(구)(85)

– 시(46): 양주, 부평(충선왕), 수원(원종 12), 시흥(성종), 안산, 광

주(廣州, 태조 23), 이천, 충주(태조 23), 원주(태조 23), 청주(태조 23), 공주(태조 23), 보령, 천안(태조 13), 평택, 안성, 서산(충렬 10), 경주(태조 18), 경산(충렬왕), 밀양(공양왕 2), 진주(성종), 상주(태조 23), 문경, 성주(충렬 34), 안동(태조 13), 영주(榮州, 고종 46), 전주(태조 23), 나주(태조 23), 순천(충선 2), 여수, 광양, 광주(태조 23), 제주(충렬왕 21), 강릉(충렬왕34) *포주(抱州: 포천), *인주(仁州: 인천), *과주(果州: 과천), *제주(堤州: 제천), *아주(牙州: 아산), *영주(永州: 영천), *울주(울산), *양주(梁州: 양산), *사주(泗州: 사천), *춘주(春州: 춘천), **고양(德陽현+高峯현), **용인(龍駒현+處仁부곡), **창원(義昌현+會原현)

- 군(구)(39): 강화(군/인천), 영월, 평창, 연기(군/세종), 청양, 예산(태조 2), 태안(충렬왕), 영양, 영덕, 청도, 창녕(태조 23), 함양(현종 3), 의성, 봉화, 순창, 장수, 담양, 화순, 장흥, 영광, 장성, 해남, 인제, 홍천, 양구, 옹진(군/인천), 수성(구/대구), *괴주(槐州: 괴산), *진주(鎭州: 진천), *합주(陜州: 합천), *금주(錦州: 금산, 충렬왕 31), *익주(益州: 익산), *연주(漣州: 연천), **청송(靑鳧현+松生현), **풍기(基川현+殷豊현), **부안(扶寧현+保安현), **무주(茂豊현+朱溪현), **강진(道康현+耽津현), **함평(牟平현+咸豊현)

[자료 2] 경덕왕 때 제정되어 고려를 거쳐 현대까지 사용된 지명

시·군·구(35)

- 시(9): 김포, 당진, 대구, 김해, 거제, 남원, 정읍, 김제, 삼척
- 군(24): 음성, 부여, 함안, 기장(군/부산), 하동, 의령, 거창, 고성(固城), 남해, 영동, 군위(군/대구), 고령, 진안, 구례, 고창, 무안, 곡성, 영암, 보성, 진도, 가평, 정선, 고성(高城), 울진
- 구(2): 유성(구/대전), 동래(구/부산)

읍·면(42)

- 읍(5): 안강(읍/경주), 함열(읍/익산), 운봉(읍/남원), 옥구(읍/군산), 만경(읍/김제)

- 면(37): 장단(면/파주), 파평(면/파주), 진위(면/평택), 교동(면/강화), 청풍(면/제천), 주천(면/영월), 신평(면/당진), 비인(면/서천), 남포(면/보령), 신령(면/영천), 자인(면/경산), 신광(면/포항), 기계(면/포항), 악양(면/하동), 야로(면/합천), 개령(면/김천), 단밀(면/의성), 어모(면/김천), 다인(면/의성), 효령(면/군위), 지례(면/김천), 황간(면/영동), 양산(면/영동), 화원(면/달성), 하빈(면/달성), 마령(면/진안), 적성(면/순창), 고부(면/정읍), 임피(면/군산), 능주(면/화순), 금구(면/김제), 반남(면/나주), 압해(면/신안), 삼계(면/장성), 해제(면/무안), 동복(면/화순), 옥과(면/곡성)

[자료 3] 고려 때 제정된 현대 행정지명(邑·面)

읍·면(81)

- 읍(13): 통진(읍/김포), 남양(충선2 읍/화성), 흥해(읍/포항), 하양(읍/경산), 연일(읍/포항), 언양(읍/울주), 평해(읍/울진), 함창(읍/상주), 풍산(읍/안동), 남평(읍/나주), 돌산(읍/여수), 김화(金化:읍/철원), 간성(읍/高城)

- 면(68): 적성(면/파주), 양성(면/안성), 장연(면/괴산), 영춘(면/단양), 전의(면/세종), 청천(면/괴산), 도안(면/괴산), 석성(면/부여), 정산(면/청양), 신풍(면/공주), 대흥(면/예산), 결성(면/홍성), 신창(면/아산), 풍세(면/천안), 직산(면/천안), 홍산(면/부여), 한산(면/서천), 지곡(면/서산), 청하(면/포항), 장기(면/포항), 칠원(면/함안), 현풍(면/달성), 계성(면/창녕), 영산(면/창

녕), 풍각(면/청도), 반성(면/진주), 가조(면/거창), 초계(면/합천), 용궁(면/예천), 해평(면/구미), 청산(면/옥천), 산양(면/문경), 공성(면/상주), 청리(면/상주), 부계(면/군위), 약목(면/칠곡), 임하(면/안동), 예안(면/안동), 의흥(면/군위), 일직(면/안동), 감천(면/예천), 안덕(면/청송), 순흥(면/영주), 낭산(면/익산), 고산(면/완주), 장계(면/장수), 보안(면/부안), 부리(면/금산), 용담(면/진안), 낙안(면/순천), 창평(면/담양), 장산(면/신안), 남양(면/고흥), 두원(면/고흥), 임회(면/진도), 기린(면/인제), 방산(면/양구), 서화(면/인제), 삭녕(면/연천), 백령(면/옹진), 연곡(면/강릉), 간성(읍/高城), *죽주(竹州:죽산면*안성), *목주(木州:목천면*천안), *임주(林州:임천면*부여), **연풍(면/괴산:長延현+長豐현), **해미(면/서산:餘美縣+貞海縣), **여산(면/익산:朗山현+礪良현)

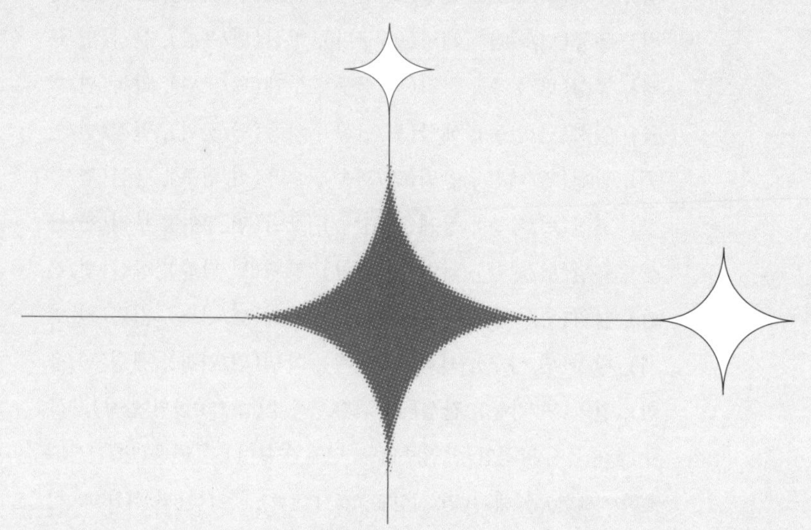

이름에 새겨진 혈연과 지연

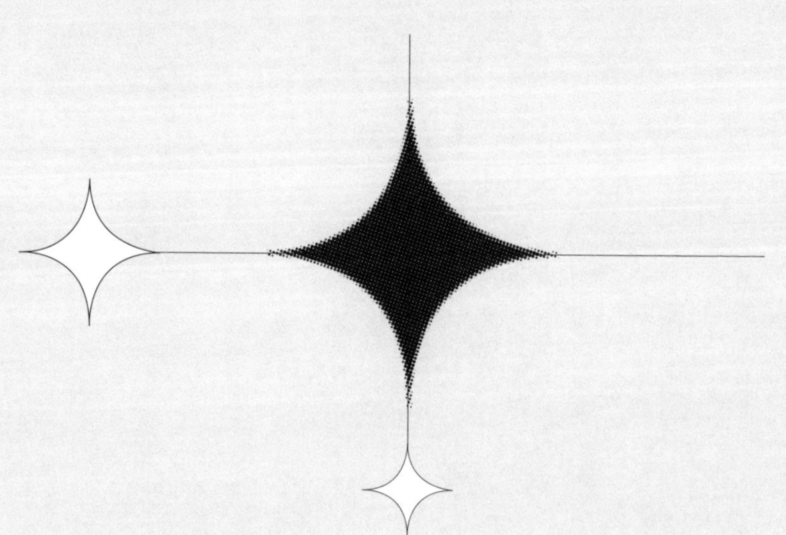

대한민국 국민은 누구나 성(姓)과 본관(本貫)을 갖는다. 예전의 호적은 물론 지금의 가족관계등록부에도 그런 사실이 기록되어 있다. 지금은 듣기 어려운 말이지만, 1990년대까지만 해도 처음 만난 사람과 인사를 나눌 때 종종 "본관(혹은 관향)이 어디입니까?" 하고 물으면 "예. 밀양 박가입니다" 하고 답하곤 했다. 여기서 박은 성이고, 밀양은 본관이다.

성은 시조의 혈통을 표시하거나 다른 혈통과 구별하기 위해 붙인 호칭이다. 본관은 시조의 거주지나 가문이 뿌리를 내렸던 곳의 지명으로 정한다. 물론 성이 같아도 본관이 다르면 혈통이 다르다. 대를 내려가 수십 촌으로 촌수가 멀어져도 성과 본관이 같은 사람은 여전히 동족으로서 유대감을 가질 정도로 성과 본관 제도는 한국인의 의식 속에 깊이 잠재되어 있다.

한국 사회에서 성과 본관이 얼마나 뿌리 깊게 자리 잡았는지는 외국인 귀화 과정을 봐도 알 수 있다. 한국에 귀화하려는 외국인은 반드시 성과 본관을 가져야 한다. 국적 취득자는 자신이 원하는 성과 본관 및 이름을 정하고 등록기준지 혹은 주소지를 관할하는 가정법원에 신청함으로써 법원의 성과 본관의 창설(창성創姓과 창본創本) 및 개명(改名) 허가 결정을 받아 성과 이름을 변경할 수 있다.[1] 이름의 경우, 현지에서 사용한 이름을 계속 사용하는 것과 한국 사회에 어울리는 이름으로 바꾸는 것(개명)이 모두 가능하지만, 성과 본관은 새로 만들어 제출해야 한다. 창성과 창본은 대한민국만의 독특한 귀화 절차라 할 수 있다.

타지키스탄 출신의 1960년생 발레리 콘스탄치노비치 사리체프(Valeriy Konstatinovich Sarychev)는 1992년부터 2004년까지 K리그 선수로 맹활약했다. 이를 계기로 (국내 골키퍼 양성을 위해) 외국인 골키퍼 영입 및 출전 금지 규정이 만들어졌을 정도로 그는 전설적인 골키퍼였으며, 지금까지 국내에서 골키퍼로 활약한 유일한 외국인 선수였다. 2000년 사리체프는 운동선수로는 최초로 대한민국 국적을 취득했다. 한국식 성과 이름을 신의손(申宜孫)으로 정했는데, 골키퍼로서 뛰어난 활약을 펼쳐 '신의 손'이라 불렸기 때문에, 이를 한자식의 성명으로 바꿔 신고한 것이다. 또한 본관은 숙소와 훈련장이 있는 경기도 구리시로 정해 신고했다. 이와 같이 창성과 창본을 거쳐 그는 구리 신씨의 시조가 되었다.

그러나 가족을 제외하고 자신만 국적을 신청했기 때문에 구리 신씨는 그가 시조이자 마지막 인물이 되었다.

한 사람 더 소개하자. 방글라데시 출신의 1975년생 칸 모하마드 아사두즈만(Khan Mohammad Asaduzzman)은 1996년 대한민국에 외국인 노동자 신분으로 입국했다. 2009년 KBS 전국노래자랑에서 외국인 최초로 최우수상을 수상해 유명해지면서 배우이자 트로트 가수로 활동했다. 2011년 대한민국 국적을 취득했는데, 당시 신청한 성명은 방대한이다. 방글라데시의 '방'과 대한민국의 '대한'을 합친 것이다. 그는 충청북도 음성군에서 외국인 노동자로 생활하다가 그 지역 전국노래자랑에서 수상한 것을 인연으로 여겨 본관을 음성으로 정했고, 음성 방씨의 시조가 되었다. 그의 아들은 방민국, 딸은 방사닐라다. 이로써 음성 방씨 시조 방대한은 대한민국에서 후손을 두고 뿌리 내렸다.

성과 본관 제도, 어떻게 등장했나?

일반인이 성과 본관을 갖기 시작한 것은 고려시대부터다. 다시 말해 왕족과 지배층은 그보다 이른 시기부터 중국의 성씨를 수용했다. 이중환의 《택리지》에 따르면, "신라가 말기에 중국과 교류하면서 처음 성씨를 만들었으나, 벼슬을 한 사족(士族) 정도만 성씨를 가졌다."[2] 뒤에서 언급할 권행은 권씨 성을 받기 전까지만 해도 신라의 유명 성씨인 김씨였다. 이같이 삼국의 왕족과 지배층은 일찍이 중국과 교류하면서 중국 성씨를 수용해 사용하기 시작했다. 그런데 이중환이 이어서 기술한 것처럼, 우리나라는 "고려시대에 비로소 중국의 씨족제도를 모방하여 성씨를 반포하면서 일반 사람들도 성을 갖게 되었다."[3] 고려 후기 유학자 이색 (1328~1396)은 안동 권씨의 유래를 다음과 같이 설명했다.

> 권씨는 김행(金幸)에서부터 시작되는데, 김씨는 신라에서 이름 난 성씨(대성大姓)였다. 김행이 복주(福州, 안동)를 지키고 있던 중에 태조 왕건이 후백제 견훤을 치려고 복주에 왔다. 이때 김행은 천명이 태조에게 돌아가는 것을 알고 고을을 바치고 항복했다. 태조가 기뻐하며 "김행은 권도(權道)를 안다"라면서 '권(權)' 이라는 성을 내렸다."[4]

태조가 후삼국 전쟁의 향배가 걸린 고창(古昌, 안동) 전투에서 이긴 뒤, 승리에 협조한 김행에게 권씨 성을 하사했다. 왕건은 이때 고창을 '동쪽 지역이 평안해졌다'는 의미로 '안동(安東)'으로 바꾸고, 그에게 안동을 본관으로 내렸다. 김행과 함께 왕건을 도운 김선평과 장길도 이때 모두 안동이라는 본관과 함께 각각 김씨와 장씨 성을 받아, 해당 가문의 시조가 되었다. 그러나 이 두 사람은 성과 본관을 받기 전의 이름이나 자세한 행적을 알 수 없다. 이처럼 안동을 본관으로 하는 권씨·김씨·장씨처럼 성과 본관이 일반인 차원에서 보편화된 것은 고려시대부터다.

성과 씨(본관)는 중국에서 유래했다. 성은 출생의 계통, 즉 혈통을 나타내는 표지이다. 《좌전(左傳)》에 따르면, 천자가 유덕

태사묘 고려 개국 공신인 안동 권씨의 시조 권행, 안동 김씨의 시조 김선평, 안동 장씨의 시조 장정필의 사당이다. 태조 왕건은 후삼국 통합전쟁 때 협력한 이들에게 성과 본관을 내리고 지역에 대한 지배를 인정해 주었다. 경상북도 안동시 북문동 소재.

한 사람을 세워 제후를 봉할 때 그 조상의 출생지로 성을 삼았다고 한다. 그러나 동일한 혈통을 가진 자가 점차 각지로 분산하면서 그 일파들을 표시하기 위한 표지가 필요했으니 이것이 씨(氏)다. 이와 같이 씨는 분화된 혈통(성)들의 지연(地緣)을 표시하는 것으로, 본원적으로 성의 분파를 뜻한다. 따라서 중국 고전에서 말하는 성은 혈통의 연원을 표시하는 것으로 역시 우리의 성과 같다. 씨는 같은 성이 존재한 지역을 표시하기 위한 것이므로 우리의 본관에 해당한다.[5]

성과 본관 사용을 제도화한 것은 언제부터일까? 태조는

고려 건국과 후삼국 통합전쟁 과정에서 협력한 지방 유력 계층에게 성을 주는 한편, 그들의 거주지를 본관으로 삼는 '토성분정(土姓分定)' 정책을 후삼국 통합 후인 940년(태조 23) 전국으로 확대 실시했다. '토'는 지역·지연을 뜻하는 본관, '성'은 혈연을 뜻하는 성을 말한다. 이같이 고려 시대에 본관과 성을 합쳐서 토성이라고 했다.

태조는 토성분정을 시행한 해에 전국의 군현 명칭을 개정하는 작업도 했는데,[6] 단순히 군현의 명칭을 개정하는 데 그쳤을까? 다음은 경주 지역 군현의 명칭을 개정한 구체적인 사례다.

> 940년(태조 23) 경주의 관격(官格)을 대도독부로 삼았다. 또한 경주 6부의 명칭을 고쳤다. 양부(梁部)는 중흥부(中興部), 사량(沙梁)은 남산부(南山部), 본피(本彼)는 통선부(通仙部), 습비(習比)는 임천부(臨川部), 한지(漢祇)는 가덕부(加德部), 모량(牟梁)은 장복부(長福部)로 각각 고쳤다."[7]

그해 태조는 신라 초기 이래 경주 지역을 구성한 6부(6촌)의 명칭을 고쳤는데, 위와 같이 단순히 6부의 명칭을 고치는 것에서 그치지 않았다. 《삼국유사》에 따르면, 경주를 대도독부로 격상하고 나서 6부의 명칭을 고치고 각 부에 토성을 분정했다. 중흥부 토성은 이(李), 남산부 토성은 정(鄭), 장복부 토성은 손(孫), 통선부 토성은 최(崔), 가덕부 토성은 배(裵), 임천부 토성은 설(薛)씨로 각각 분정했다.[8] 이처럼 940년 전국의 군현 명칭 개정은 각 군현의 본관과 성을 정한 토성분정 정책을 보완하기 위한 목적도 있었음을 확인할 수 있다.

군현 명칭에 반영된 성과 본관

고려는 940년 군현 명칭 개정을 비롯해 이후 일련의 군현 개편 과정을 통해 군현 단위를 경(京)·목(牧)·도호부(都護府)·군(郡)·현(縣)·향(鄕)·부곡(部曲)으로 편제했는데, 대체로 해당 지역 유력층의 정치적 비중, 토지나 인구의 규모, 전략적 중요성, 교통·생산의 중요성 등을 고려했다. 이같이 편제된 여러 군현 단위가 각각 본관의 단위가 되었다. 예를 들면, 주·부·군을 본관으로 삼은 곳은 130개, 현은 370개, 진(鎭)은 18개, 부곡은 109개, 향은 48개, 소는 48개, 처는 5개, 장은 9개다.[9]

참고로 17세기 중반 조종운(1607~1683)이 편찬한《씨족원류(氏族原流)》에는 약 540개 성과 본관을 가진 가문의 계보가 실려 있다. 성과 본관의 기재는 종성인 전주 이씨를 필두로 이·박·김·정·조·정·송·안·왕·허·남 씨 등의 순서로 기재되어 있다. 기재순서는 당시 가문의 사회적 지위 및 위상(가격家格)과 일정한 관련이 있다. 당연하게도 명문대가(망족望族)일수록 앞에 수록했다.

참고로 본관이 가장 많은 성씨는 이씨(李氏)로 약 60개가 있다. 그중에서 지금의 경상북도 성주 지역을 본관으로 한 이씨는 성산(星山)·벽진(碧珍)·경산(京山)·광평(廣平)·성주(星州) 등 5개다. 성산은 신라 경덕왕 대에 제정된 명칭이다. 뒤에(시기 미

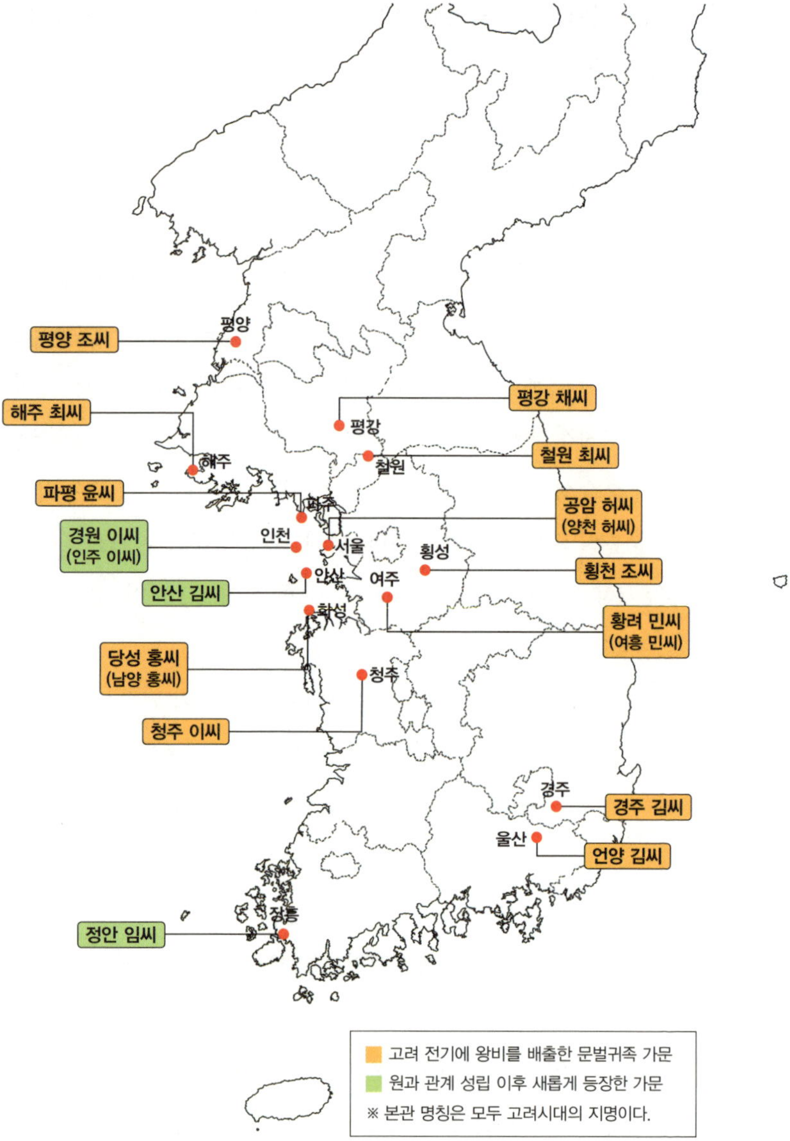

고려시대의 주요 성과 본관

상) 벽진으로 바뀌었고 940년(태조 23) 경산, 981년(경종 6) 광평, 1308년(충렬왕 34) 성주로 각각 군현 명칭이 바뀌었다. 성과 본관이 고려 초기에 처음 정해진 것을 감안하면, 경덕왕 대에 제정된 성산도 고려시대에 와서 본관 명칭으로 사용되었음이 분명하다. 이같이 지금의 성주 지역을 상징하는 이씨의 본관 5개는 모두 고려시대까지 사용된 군현 명칭이다.

《씨족원류》에 따르면, 약 60개의 이씨 본관 가운데 35개가 고려시대에 제정된 군현 명칭을 사용하고 있다. 이 가운데 철성(鐵城, 경남 고성), 재령, 전의(全義, 연기군 전의면), 우계(羽溪, 강릉 옥계면), 조종(朝宗, 가평), 양성(陽城, 안성), 가리, 하빈, 신평, 진보 등 고려시대에 지방관이 파견되지 않은 영세한 규모의 속현(지금은 대부분 없어진 군현)을 본관으로 하는 곳이 15곳이나 된다. 인구가 증가하고 거주지가 확대되면서 조선시대 이후에도 본관이 생겨나지만, 이씨의 예에서 알 수 있듯이 고려시대에 제정된 군현 명칭을 본관으로 삼는 것이 절반을 넘는다는 사실은 고려시대가 성과 본관 제도의 시원임을 입증한다.

한편, 상대적으로 많은 성씨가 군현 규모가 큰 대읍을 본관으로 하고 있다. 고려시대에 명칭이 개정된 경주를 본관으로 하는 성씨는 6부(이·정·손·최·배·설薛)의 성씨에 신라 왕족의 성씨(이른바 천강성天降姓)인 박·석(昔)·김을 합하면 모두 9개로 단일 본관 가운데 가장 많다. 이외에 설(偰)씨도 경주를 본관으로 하는데, 고려 말 귀화한 성이다. 역시 고려시대에 군현 명칭이 제정된 대읍인 충주는 8개(지池·여余·어魚·진秦·양梁·최崔·박朴·안安),

청주는 7개(이李·한韓·경慶·양楊·정鄭·송宋·곽郭) 성씨의 본관이다. 《씨족원류》에 나온 다른 성들의 본관 명칭도 이런 경향을 띤다.

고려시대 사람들은 본관에 따라 사회적 위상이 정해졌다. 또한 고려 왕족이나 지배층의 성씨를 갖는 것을 영예로 여겼다. 태조가 발해 세자 대광현에게 고려 왕족의 왕씨를 내린 것은 그의 위상을 높여 주기 위해서였다. 태조는 건국에 협조한 세력을 우대하기 위해 그들에게 성과 본관을 내린 반면, 건국에 반대하거나 왕조를 배반한 지역 사람들은 하대하거나 멸시했다. 태조는 목주(지금의 천안 목천읍) 사람들이 여러 차례 배반하자 짐승의 이름인 우(牛)·마(馬)·상(象)·돈(豚)·장(場)을 성으로 내렸다.[10]

성뿐 아니라 본관을 징벌적 의미로 내리는 경우도 있었다. 현재 안동의 풍산 지역은 923년(태조 6) 성주 원봉(元逢)이 고려에 항복하자 순주(順州)로 승격했다. 그러나 930년 고창 전투에서 원봉이 견훤에게 항복하자 본관을 하지현(下枝縣)으로 강등했다.[11] 왕조를 배반하거나 전투에서 항복한 지역과 그 주민들은 본관과 성씨가 강등되어 사회적 지위와 위신이 추락하는 불명예를 안았다.

고려판 사회 통합 정책

성과 본관 제도는 고려 전기를 거치면서 정착했다. 고려는 중앙 정부와 지방 유력층이 성과 본관의 수수로 맺은 권리와 의무를 기반으로 삼아 통합전쟁으로 분열된 지역과 민심을 통합함으로써 사회를 안정적으로 유지할 수 있었다. 적어도 고려 전기에는 이 제도가 양자 간에 타협과 공존의 중요한 매개체 역할을 했다. 중앙정부는 왕조 건국과 통합에 협조한 지방 세력에 성과 본관을 내려 영역 내에서 그들의 지배권을 인정하고 권위를 높여주는 대신(권리의 측면), 영역 내 농민의 유망을 막고 조세와 역역을 징수해 중앙에 보내는 의무를 부여했다(의무의 측면). 이같이 토성분정 정책은 단순히 지방 세력에 성과 본관을 부여한 것에 그치지 않고, 반세기에 가까운 내란으로 분열된 사회를 통합해 왕조의 장기 지속을 가능하게 한 '고려판 사회 통합 정책'이라는 역사적 의미를 지닌다.

왕건은 토성분정 정책을 실시하는 과정에서 당의 제도를 참고했다. 천하를 통일한 당은 위진남북조시대 이래의 기득권층을 억제하고 통일에 협조한 신흥 세력에 성씨를 줌으로써 황제 체제를 강화하는 정책을 펼쳤는데, 이를 위해 편찬한 것이 전국의 유력 세력과 그들의 성씨를 기록한 《씨족지(氏族志)》와 《군망표(郡望表)》다. 고려의 토성분정 정책도 이러한 취지에서 나왔다. 조선 초기에 편찬된 《세종실록지리지》에는 각 군현마다 토성이 기록되어 있는데, 대부분이 940년(태조 23)에 토성분정 정책으로 확정된 성과 본관에 관한 것이다. 토성이 기록된 곳은 대체로 대동강에서 원산만을 잇는 선의 이남 지역, 즉 통일신라와 고려 초기의 영역 안에 있는 군현으로, 고려시대에 토성이 제정되었음을 뒷받침한다. 이는 당이 《씨족지》를 편찬한 것과 목적이 비슷했다.

토성분정 정책을 '본관제(本貫制)'라고도 부른다. 초기에 토성을 받은 계층은 지방 유력층으로 백성층(百姓層)이라 한다. '백성'은 고려시대에도 지금과 같이 보통 사람들을 가리키는 말이었만, 성씨를 받아 지배 질서에 참여할 수 있는 지방의 유력한 계층도 그렇게 불렸다. 그 때문에 성씨의 보유는 중앙정치에 참여할 수 있는 유력한 계층이 되었음을 보증하는 징표이기도 했다. 성씨를 가진 계층은 '유망한 족속'이라는 뜻의 '망족(望族)' 혹은 '관족(冠族, 최고의 명문 가문인 명족)'이라 자칭했다.

　　　광종이 시행한 과거제도는 성과 본관의 사용이 일반인에게까지 확산하는 계기가 되었다. 1055년(문종 9) '씨족록(氏族錄)'에 성과 본관이 실려 있지 않은 사람에게 과거 응시를 금하는 조치가 내려졌다.[12] 초기에는 과거 응시 자격이 지방 유력층인 향리층 이상에게만 주어졌지만, 과거가 시행되고 100년이 지나면서 '씨족록'에 성과 본관이 등록된 일반인에게도 응시가 허용된 것이다. 대체로 12세기 이후가 되면 노비를 제외하고 일반 양인까지 포함하는 모든 계층에 걸쳐 성씨 사용이 보편화되었다. 이처럼 성과 본관 제도는 사회 통합과 인재 충원에도 긍정적으로 작용했다.

—

　　12세기 말 무신정권이 들어서면서 상황이 변화한다. 농민 유망과 항쟁, 몽골의 침입과 내란 등으로 대규모 인구 이동이 일어나 본관과 실제 거주지가 일치하지 않는 경우가 생겨났다. 조선시대로 접어든 이후에는 인구 증가와 거주지 이동으로 본관은 명목상의 명칭에 불과해졌다. 그럼에도 성과 본관 제도는 근본적으로는 변화하지 않았고, 20세기에 들어와 일제강점기와 해방을 거치면서도 계속 유지되었다. 그러나 2008년 가족법이 개정되면서 고려시대 이래 고수되어 온 부계 혈통 중심의 성과 본관 제도는 큰 분수령을 맞고 있다. 이제 본인이 원하면 부계에서 모계의 성과 본관으로 바꿀 수 있다. 앞으로 성과 본관 제도는 예측할 수 없을 정도의 변화에 직면하게 될 것이다.

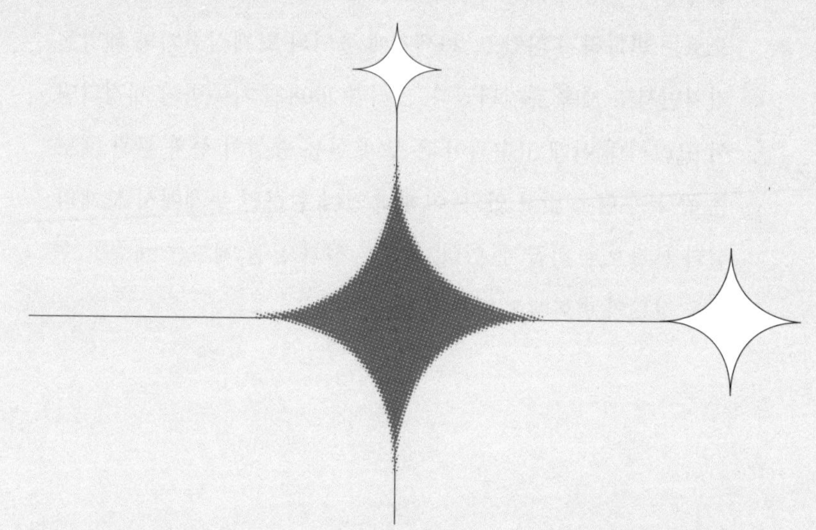

학벌과 재벌의 뿌리

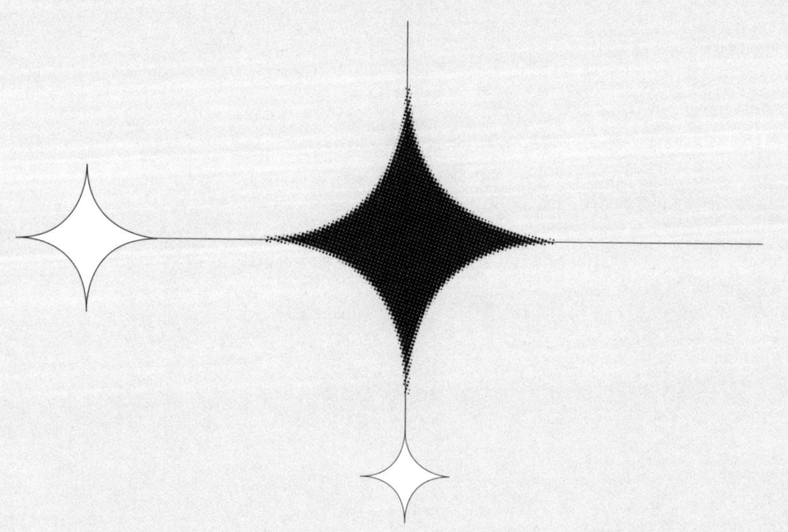

오늘날 우리 사회에 '-벌'로 끝나는 말들이 자주 오르내린다. 학벌(學閥)이란 '학문을 닦아서 얻게 된 사회적 지위나 신분 또는 출신 학교의 사회적 지위나 등급'을 말한다. '학벌이 좋다'거나 '학벌을 내세운다'는 말에서 그 뜻을 헤아릴 수 있다. 재벌(財閥)은 '여러 개의 기업을 거느리며 막강한 재력과 거대한 자본을 가지고 있는 자본가나 기업가의 무리' 혹은 '생산, 유통, 금융 따위의 다양한 업종의 기업들이 법적으로 독립되어 있으면서 특정 은행이나 기업을 중심으로 긴밀하게 관련되어 있는 기업 결합 형태'를 뜻한다. 브리태니커 백과사전에 한국 특유의 대규모 가족 기업 집단을 지칭하는 어휘로 'Chaebol'이 등재되었다고 한다. 이처럼 학벌과 재벌은 특정한 지위와 신분을 가진 집단이라는 특성과 함께 다른 집단과는 구별되는 일종의 배타적 속성을 지닌다. 또 하나의 공통점은 '벌(閥)'이라는 한자어를 공유한다는 점이다. '벌'은 공(功), 공로(功勞)라는 뜻으로, 구체적으로 전근대 시대 왕조에 세운 공 또는 공로를 말한다. 뜻이 같은 한자어로 '열(閱)'이 있다. 두 단어를 합쳐 '벌열(閥閱)'이라고도 하는데, 조선 후기 특정한 정파나 가문이 권력을 대대로 독점한 정치 형태를 학술용어로 흔히 '벌열정치'라고 했다. 그렇다면 '벌'은 한국사에서 언제 처음 역사 용어로 등장했을까?

'벌'의 뿌리, 문벌

《삼국유사》에 신라 선덕여왕 대의 승려 자장(慈藏)이 등장한다. 그는 소판(蘇判, 17등 관계의 제3위)을 역임한 진골 출신 무림(茂林)의 아들이다. 승려가 되어 불법을 수행하던 그에게 조정에서 한 가지 제안이 들어온다.

> 마침 태보(台輔) 자리가 비어 문벌이 선택되기 마땅하여 누차 불렀으나 가지 않았다. 이에 왕이 명하여 "나오지 않으면 목을 베어버리겠다"라고 했으나 자장은 그것을 듣고 "나는 차라리 하루 동안 계를 지키고 죽지 백 년 동안 계를 어기고 살고자 하지 않는다"라고 했다. 이 일을 듣고, 왕이 출가를 허락했다.[1]

재상인 태보(台輔) 자리가 공석이 되자 조정에서 승려 자장에게 그 자리를 권유했지만, 그는 끝내 나아가지 않았다는 것이다. 그런데 여기에서 '문벌'이라는 말이 등장한다. 고위직 소판을 지낸 진골 출신을 문벌이라고 한 것인데, 이렇게 사용된 예는 삼국 가운데 신라가 유일하다. 그러나 문벌은 신라 때 실제로 사용된 용어가 아니다. 이때의 문벌은 일연이 자신이 살던 고려시대의 용어를 빌려 표현한 것에 불과하다. 이같이 '벌'의 용례는 가문을 뜻하는 '문'과 결합해 '문벌'이라는 뜻으로 고려시대에 처음 사용되었다.

문벌이라는 용어는 1019년(현종 10) 사심관 임명 절차를 규정한 기록에서 처음 등장한다. 935년(태조 18) 신라 경순왕 김부가 고려에 항복해 오자, 태조는 그를 경주의 사심관으로 임명했다. 사심관은 중앙에 거주하는 사람 가운데 연고가 있는 고향은 물론 외가와 처가 지역에도 임명한 특수 관직으로, 김부가 최초의 사례다. 지방의 크기에 따라 2명에서 4명까지 복수로 임명했다. 사심관은 해당 지역의 향리 등을 통제하고 부역을 부과하고 풍속을 바로 잡는 일을 했다. 고려 초기 전국에 지방관을 보내기 전에 중앙정부가 지방 세력을 통제하기 위해 연고지 사정을 잘 아는 중앙의 인물을 사심관으로 파견한 것이다. 그럼 사심관 임명과 관련에서 '문벌'이 어떻게 등장했는지 살펴보자.

1019년(현종 10)에 판(判)하기를, "사심관은 기인과 백성의 추천(擧望)에 따라 파견한다. 그 추천이 비록 적더라도 조정에서 현달(顯達)한 사람(고위 관료)이나 여러 대에 걸쳐 문벌(누대累代 문벌)인 사람은 왕에게 보고하고 나서 파견한다. 그러나 이전에 아첨(諂曲)을 했거나 간사한 죄에 연좌된 자는 파견하지 말라"라고 했다.[2]

이 기록에 처음 나오는 '누대 문벌'은 여러 대를 이어 문벌의 지위를 유지한 사람 또는 가문을 말한다. '문벌'은 고위 관료와는 구별되는 존재였다. 고위 관료가 된다고 해서 문벌이 되는 것은 아니었으며, 문벌은 고위 관료와는 다른 지위와 특권을 누렸다.

누가 문벌이 되었는가?

고려시대에 처음 등장한 문벌은 가문(家門)을 뜻하는 '문(門)'이 공을 뜻하는 '벌'과 결합하여 글자 그대로 왕조에 공을 세운 가문을 말한다. 그렇다면 그들이 세운 공은 무엇일까?

첫째, 학문이나 문장, 도덕이 뛰어나 왕조와 왕실 유지에 공을 세워서 대대로 재상 등 고위직을 역임한 경우다. 본관이 해주(海州)인 최사추(崔思諏, 1036~1115)의 가문이 대표적이다.

> 최사추는 부지런하고 청렴했으며, 문벌과 지위로 남에게 교만하지 않았고, 벼슬한 지 40여 년 동안 작은 과실도 없었다. … 아들 최원(崔源)과 최진(崔溱)은 재상이었고, 이자겸(李資謙), 문공미(文公美), 유인저(柳仁著)는 모두 최사추의 사위였다. '문벌'의 성대함이 당시에 비길 데가 없었다.[3]

최사추는 숙종과 예종 대에 재상을 역임했다. 참고로 재상은 2품 이상의 고위 관료다. 그는 사학(私學) 십이도(十二徒)의

최충 초상화 고려 전기의 유학자이자 문신 최충의 초상화다. 뒷면에 '숭정후재무진계추이모(崇禎後再戊辰季秋移模)'라는 기록이 있어 1748년(영조 24)에 옮겨 그렸음을 알 수 있다. 가로 38.5㎝, 세로 72㎝.

하나인 문헌공도의 창시자이자 문종 대 문하시중이었던 최충 (984~1068)의 손자다. 최충은 당대 최고의 유학자로서 고려의 유학과 교육을 크게 진흥시킨 인물이다. 최충의 아들 최유길과 최유선은 재상을 지냈으며, 최유길의 아들 최사추뿐 아니라 최사추의 두 아들도 재상을 역임했다. 이같이 해주 최씨 가문은 4대에 걸쳐 재상을 배출한 문벌이었다. 경주가 본관인 김부식 가문도 이 사례에 해당한다.

둘째, 내란을 진압하거나 전공을 세운 가문을 문벌이라 했다. 창원이 본관인 최온(?~1268)이 대표적인 사례다. 그가 문벌이 된 것은 김준을 도와 최씨 정권의 마지막 권력자 최의를 제거

고려의 문벌 귀족 고려 후기 문벌귀족의 생활상을 그린 《아집도 대련(雅集圖 對聯)》이다. 문사들이 정원에 모여 글을 짓고 그림도 감상하며 풍류를 즐기는 모습을 그린 것으로, 고려 문인 관료들의 이상을 담았다.

하고 왕정을 복고하는 데 공을 세웠기 때문이다. 그는 훌륭한 재상을 뜻하는 대상(大相)이라 불렸으며, 스스로 문벌임을 자부했다.[4] 한편, 앞서 언급한 현종 대의 '누대 문벌'이라는 기록으로 미루어 보아 그 이전에 이미 문벌이 존재했음을 알 수 있다. 따라서 문벌 속에는 내란은 물론 후삼국 통합전쟁과 고려 거란 전쟁

(993~1019)에서 공을 세운 가문도 포함된다. 최씨 정권 권력자 최충헌(1149~1219)도 마찬가지다. 그의 묘지명에서, 고려 왕실을 일으키고 유지하는 데 공을 세웠다며 그를 문벌이라 표현했다.[5] 그가 사망한 뒤에도 40년 이상 최씨 정권이 유지되었기 때문에 그의 가문은 그렇게 불릴 수 있었을 것이다.

셋째, 왕실과 혼인한 외척 가문 역시 문벌이 되었는데, 이 자겸이 대표적인 사례다. 그는 딸이 예종비가 되어 태자(인종)

를 낳았으니 왕실과 왕조를 이어가는 데 공을 세운 셈이다. 앞에서 언급한 최사추는 이자겸의 장인이다. 최사추 역시 자신의 외손녀이기도 한 예종비가 인종을 낳자 공신에 책봉되고 작위와 함께 식읍 2,500호까지 받았다. 최사추가 당대 문벌이었던 것은 최고의 유학자 집안인 데다 혼인을 통해 외척 이자겸과 연결되어 있었기 때문이다. 국왕은 왕권을 강화하고 왕실을 보호하기 위해 유력한 가문과 혼인이 필요했으며, 유력 가문 또한 왕실과의 혼인이 가문의 위세를 유지하는 데 좋은 기회가 되었다. 1126년(인종 4) 유력한 왕실의 외척 이자겸이 난을 일으켜 제거된 뒤 고려 왕실이 정안(定安, 전남 장흥) 임(任)씨 가문을 새로운 외척으로 받아들인 것도 이 때문이다.

고려 정치를 주도한 문벌 가문

《고려사》 등에서 '문벌'이 등장하는 사례는 열 번도 되지 않지만, 이를 통해 확인할 수 있는 사례는 학문과 문장 등으로 왕실에 공을 세워 대대로 재상 등 고위직을 배출한 가문, 내란과 전쟁에서 공을 세운 가문, 그리고 왕실을 보호하고 유지하는 데 공을 세운 외척 가문 등으로, 이러한 집안들은 문벌 가문이 되었다.

실제로 문벌과 문벌 가문은 고려 전기에 정치의 중심 세력이었다. 정치의 측면에서 고려왕조를 흔히 문벌(귀족)사회라 부른 것은 이 때문이다. 문벌의 지위는 2품 이상의 고위 관료인 재상과 같았다. 고려의 재상은 중서문하성에 소속된 재신(宰臣) 5명

과 중추원에 소속된 추신(樞臣) 7명 등 모두 12명으로, 재추(宰樞)
회의에서 국방, 외교 등 국가의 중대사를 논의하고 국왕의 재가
를 받거나 국왕의 정책 결정에 영향을 주었다. 재상은 6부의 장관
을 겸임하고 감찰 기관인 어사대와 재정 기관인 삼사(三司)의 장
도 겸임할 정도로 권한이 막강했다.[6]

　　문벌은 대체로 고위 관직에 임명되어 가문의 지위와 신분
이 대대로 세습될 정도로 특권을 누렸다. 능력과 실력으로 관직에
진출한 일반 관료 집단과 달랐다. 고려 지배층의 또 다른 특성을
보여주는 문벌의 존재는 송나라 기록에도 나온다. 1123년(인종 1)
고려를 방문한 서긍의《고려도경》을 보자.

> 동남에 있는 오랑캐들 가운데 고려의 인재가 가장 많고 번성했
> 다. 나라에서 벼슬하는 자는 오직 귀신(貴臣)들이며, 그들은 족망
> (族望)으로 서로를 높인다. 나머지는 과거를 통해 벼슬을 하거나
> 재물을 주고 관리가 되기도 한다."[7]

　　서긍은 고려의 관료층 가운데 '귀신'의 존재에 주목했다.
귀신은 '존귀한 관료'라는 뜻으로 사실상 문벌을 가리키는 말이
다. 족망은 '명망 있는 유력한 가문' 혹은 '훌륭한 가문(명문대족)'
이라는 뜻으로 역시 문벌귀족을 의미한다.

　　《송사》〈고려전〉에 따르면, "류(柳)·최(崔)·김(金)·이(李)
씨가 귀성(貴姓)"[8]이었다. 류씨는 태조 왕건의 첫째 부인의 성씨
로, 정주(개경 인근 개풍군) 류씨 가문이다. 최씨는 앞서 언급했듯

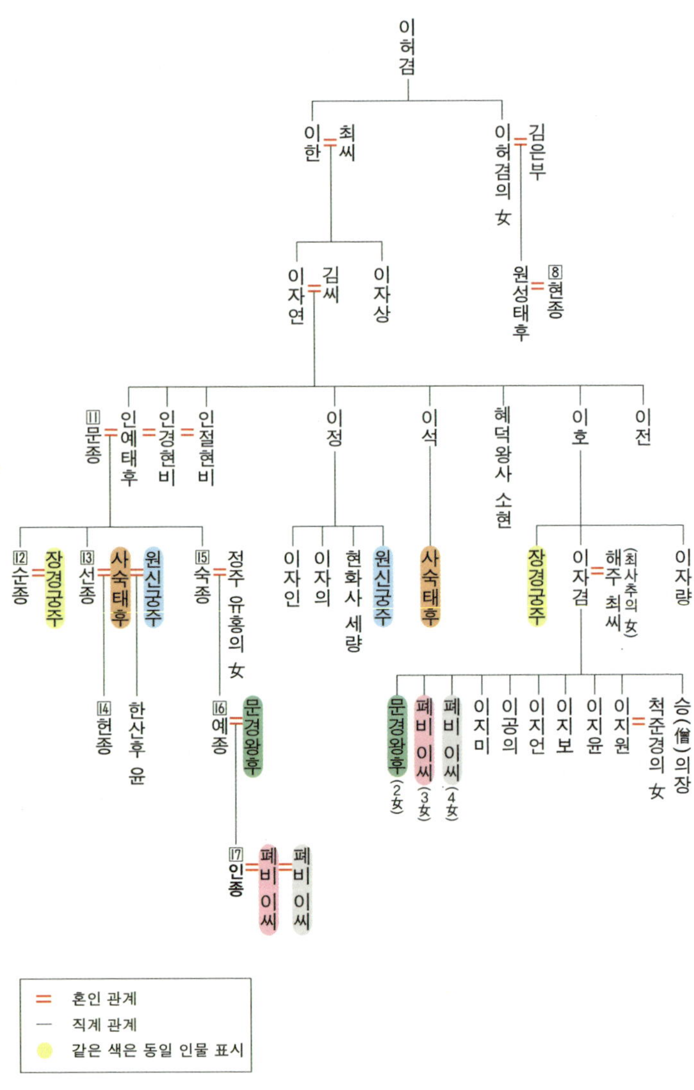

혼인 관계
직계 관계
같은 색은 동일 인물 표시

인주 이씨 가계도

이 최충을 비롯해 4대에 걸쳐 재상을 배출한 해주 최씨 가문이다. 김씨는 경주 김씨로 당대 최고 학자이자 관료인 김부식의 가문이다. 이씨는 이자겸을 비롯한 왕실의 외척인 인주(仁州) 이씨 가문이다. 이 가문들의 성씨를 귀성이라 했는데, 귀성 역시 귀신과 같은 말로 문벌귀족 가문을 의미했다.

변질된 '문벌'의 의미

그러나 '문벌'은 고려 후기부터 다른 의미로 사용되는 경향을 보인다. 원나라가 고려에 동녀(童女)를 여러 차례 요구했을 때 이곡(1298~1351)이 올린 상소문의 일부를 보자.

"지금 고려 부녀 중에 (원의) 후비 반열에 있거나 왕이나 제후의 배필이 된 자도 있습니다. 또한 공경 대신 중에 고려 외손 출신도 많습니다. 본국(고려)의 왕족 및 문벌과 부호의 집안에서 특별히 황제의 조서를 받아서 혹은 자원으로 왔거나, 중매로 혼인한 경우도 있습니다."[9]

여기에서 왕족, 부호와 함께 언급된 문벌은 특정 가문이 아니라 고위직에 있는 사람 일반을 지칭한다. 《고려사》 열전에 "신돈이 상락군 김영후의 문벌을 탐내어 그의 손녀 김씨와 결혼하려 했다."[11]는 기록이 나오는데, 이때의 문벌 역시 지체 높은 신분이나 지위를 뜻하는 일반적인 의미로 사용되었다.

조선 후기에도 마찬가지였다. "우리나라에서는 오직 문벌만을 숭상하고 있으니, 실로 이전에는 없었던 폐단이다"[11], "우리나라는 오직 문벌만을 숭상하고, … 문벌이 아니면 집에서 늙어 죽습니다"[12] 등의 기록에서 짐작할 수 있듯이 문벌은 지위가 높거나 권세를 가진 사람을 뜻하는 용어로 사용되었다. 이는 문벌이 나라의 큰 폐단이 되는 존재로 그 의미가 크게 변질되었음을 의미한다.

—

서두에서 언급한 오늘날의 학벌이나 재벌도 전근대의 문벌이나 벌열과 크게 다르지 않다. 학벌의 '벌'에는 자원이 부족한 우리나라에서 교육을 통한 인재 배출로 나라를 선진화하는 데 기여한 공로의 뜻이 담겨 있다. '재벌'에도 자원과 자본이 부족하던 시절, 과감한 투자와 해외 시장 개척으로 산업화(공업화)를 이룩함으로써 대한민국을 선진국 반열로 오르게 한 공로가 들어 있다. '인재보국(人材報國)'과 '산업보국(産業報國)'은 바로 이런 맥락에서 나온 말로 문벌의 원뜻에 부합하며, 학벌과 재벌이 문벌에 뿌리를 두고 있음을 보여주는 사례다.

반면에 부정적인 면도 있다. 과열화된 입시와 사교육의 성행으로 학벌이 소수에게 편중되고, 보통 사람들이 명문 학교에 입학하는 '개천에서 용 나는' 현상이 줄어든 지 이미 오래다. 재벌은 정부와 유착해서 경제적 이득을 취하거나 불법 경영권 승계와 같은 범법 행위로 사회적 지탄의 대상이 되기도 한다. 전근대에 높은 지위와 권세를 가진 문벌이 관료 진출의 통로를 독점하면서 점차 폐쇄적인 특권 집단으로 변질되어 갔던 추세와 비슷한 경로를 밟고 있는 것 같아 우려스럽다. 학벌과 재벌은 이처럼 고려에서 기원한 문벌에 뿌리를 두고 있으면서도 문벌이 지닌 긍정과 부정의 의미를 함께 지니는 문벌의 쌍생아다.

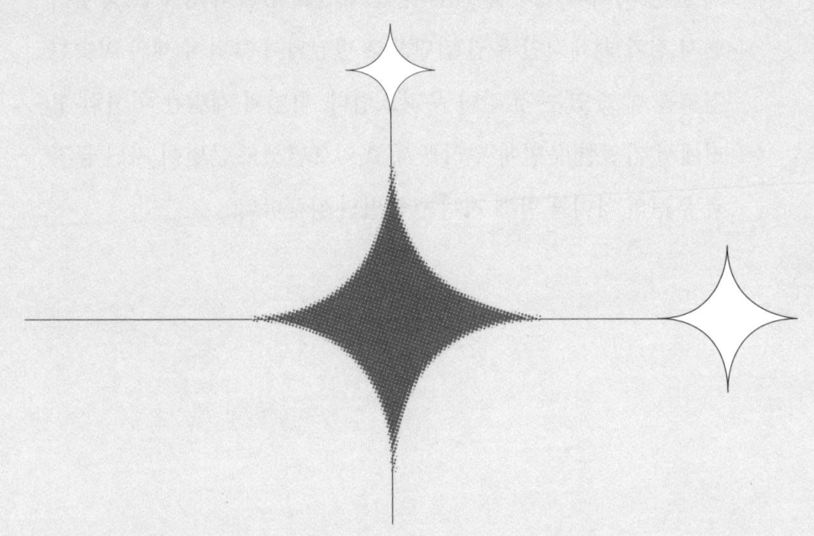

측근의 원조, 고려 내시

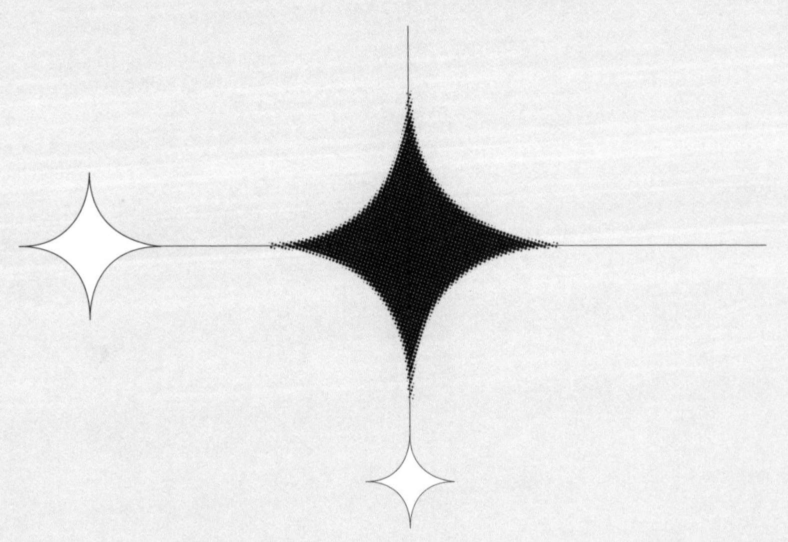

'측근'은 곁에서 가까이 모시는 사람을 일컫는다. 최고 권력자의 경우, 측근은 정상에 오르기 전부터 인연을 맺은 사람들이 대부분이다. 가족처럼 동고동락하며 권력 쟁취에 기여한 '가신', 지연과 학연으로 연결된 사람, 같은 업종에서 오랫동안 일한 사람 등 측근의 모습은 다양하다. 측근정치는 측근에 의존하는 정치다. 한국 현대 정치사에서 흔히 찾아볼 수 있다. 권력자가 기존의 통치 제도와 기구를 무시하고 특별 기구나 비선 조직을 두어 측근을 통해 정치를 하거나, 기존 통치 제도와 기구에 측근을 임명해 자신의 의도를 관철하는 통치 형태다. 어느 경우든 측근정치는 법과 제도에 입각한 법치(法治)가 아닌 인치(人治)에 가까운 정치로, 공익보다는 사익을 추구하는 경향이 크다. 따라서 현대 정치에서 측근정치는 항상 부정적인 모습으로 나타난다.

측근정치는 고려왕조가 남긴 유산이다. 처음 주목한 사람은 역사학자 안확으로, 《조선문명사(朝鮮文明史)》(1923)에서 고려 귀족정치를 움직인 세 집단으로 승려, 무신과 함께 폐신(嬖臣)을 들었다. '폐(嬖)'는 원래 국왕이 미천한 사람을 사랑한다는 뜻이니, 폐신은 국왕의 총애를 받는 신하다. 《고려사》에는 폐신과 함께 폐행(嬖幸) 혹은 총신(寵臣)이라는 용어도 등장한다. 모두 국왕을 지근거리에서 모시면서 신임을 얻은 사람이니 측근과 의미가 같다.

측근정치가 시작된 것은 고려 초다. 당시 측근을 내시(內侍)라 불렀다. 조선시대의 내시는 거세된 사람인 환관이다. 반면 고려시대의 내시는 글자 그대로 궁궐 안(內)에서 국왕을 모시는(侍) 사람이다. 양반의 자제나 과거시험에 우수한 성적으로 합격한 신진들이 내시로 선발되어 내시성(內侍省)에 소속되었다. 내시성에서는 내시를 관리하는 '내시적(內侍籍)'이라는 명부를 작성해서 필요할 경우 이들을 궁중으로 보내 국왕의 자문에 응하게 했다. 내시는 왕의 정책 수립이나 정책 결정을 돕는 역할을 했다. 왕의 교서를 작성하거나 왕에게 유교 경전을 강의하기도 했다. 그러면서 자연스럽게 국왕의 측근이 되었다.

사학을 진흥한 최충의 손자 최사추는 앞에서 문벌의 대표적인 존재로 언급했는데, 과거에 합격한 뒤 문종의 내시로 발탁되어 관료의 길에 들어섰다. 다음의 기록에서 확인할 수 있다.

(최사추는) 문종 대에 과거에 급제했다. 왕은 최사추가 명문가의 자제로서 학문이 넓고 들은 것이 많다고 하여 내시성으로 불러들여 같이 말해보고는 응답하는 것이 (왕의) 뜻에 맞았으므로 기뻐했다.[1]

국왕 문종은 최사추가 명문가의 자제로 학문이 넓고 들은 것이 많다며 내시성으로 불러들여 보좌하게 했다. 최사추가 과거에 우수한 성적으로 합격해 내시로 발탁된 과정은 고려 전기 내시의 전형적인 모습을 잘 보여준다. 그는 국왕의 측근으로 활동하고 이를 발판으로 뒷날 재상이 되어 문벌의 지위에 올랐다. 한안인(韓安仁, ?~1122)은 예종의 정치를 자문하고 보좌하는 측근(내시)으로 활약하다가 왕실 외척 이자겸에게 죽임을 당했다. 김부식의 아들 김돈중은 의종의 측근(내시)으로 활약했다. 고려의 내시는 현대 정치에서 보이는 측근의 원조인 셈이다.

고려 국왕이 내시 제도를 유지하려 한 이유는 무엇일까? 유교의 천명사상에 따르면, 국왕은 '천명지(天命之)', 즉 하늘이 명한 존재였다. 국왕은 관료 집단과 구별되는 신성성과 초월성을 보장받은 존재이며, 왕권 행사는 천명사상에 의해 보장받았다. 조선시대 국왕은 그러한 전형적인 존재였다. 유교 정치 이념에 따르면, 바람직한 정치는 국왕을 정점으로 하고 유능한 관료 집단이 그를 보좌하는 정치로, 이를 왕도정치라고 한다. 따라서 측근정치는 유교 이념에서는 허용될 수 없었다.

그러나 고려 국왕은 그렇지 못했다. 후삼국을 통합했지만,

국왕 왕건은 건국 당시 개경 출신 해상 집단의 수장에 불과했으며, 왕조를 유지하기 위해서는 수많은 호족 세력의 협조가 필요했다. 그런 가운데 고려 국왕은 왕권을 강화하고 행사하기 위한 정책 자문 기구로 내시 기구를 설치하고 내시를 측근으로 삼아 정치를 해나갔다. 고려 국왕은 내시와 내시 기구 덕분에 정책을 결정하고 추진하는 데 상대적으로 자유로울 수 있었다. 건국 초기 고려 국왕을 비롯한 왕실 집단은 하나의 정치 세력 집단에 불과했을 정도로 국왕권을 보장받지 못했기 때문에, 통치권을 행사할 수 있는 손쉬운 방법으로 측근정치를 선택한 것이다.

측근을 통해 개혁을 추진하다

조선시대 개혁 정치는 대부분 신하들이 주도했다. 정도전과 조광조, 조선 후기 실학자의 개혁이 구체적인 예다. 반면 고려시대에는 국왕이 개혁 정치를 주도했다. 광종은 쌍기를 비롯한 측근을 앞세워 과거제를 실시하고 노비제를 개혁했으며, 성종은 최승로 같은 측근 관료 집단을 앞세워 관제 개혁을 추진했다.

고려 전기 측근정치의 전형은 숙종의 신법 정책에서 찾을 수 있다. 숙종은 남경(지금의 서울) 천도, 여진 정벌, 화폐 유통 등 부국강병 정책을 시행했다. 송에서 시행된 왕안석의 신법을 본받은 것으로, 적극적인 대외 경략과 과감한 재정 개혁을 통해 국가의 부를 확대하고자 했다. 관료 대부분의 반대에도 불구하고, 숙종은 윤관(?~1111)과 동생 대각국사 의천(1055~1101) 등 측근을

〈**척경입비도(拓境立碑圖)**〉 윤관이 1107년 동북 지역의 여진족을 토벌하고 9성을 쌓은 뒤 두만강 북쪽 선춘령(先春嶺)에 '고려지경(高麗之境)'이란 비를 세워 경계를 삼은 사실을 그린 기록화다. 고려대학교 박물관 소장.

해동통보 고려는 996년(성종 15) 처음으로 규격화된 화폐인 건원중보를 주조했으나, 이는 가벼운 구리로 만든 동전이 아닌 무거운 쇳덩어리로 된 철전이었다. 또한 문벌들의 반대로 찻집이나 술집, 식당 등에서만 사용되어 제대로 유통되지 못했다. 해동통보는 1102년(숙종 7)에 만들어져 본격적으로 유통된 최초의 동전이다. 국립중앙박물관 소장.

통해 개혁을 추진했다.

당시 거란과 송은 숙종이 헌종의 양위를 받아 갑자기 즉위한 점을 의심의 눈으로 보았다. 윤관은 두 나라에 사신으로 가서 숙종 즉위의 정당성을 설득했다. 또한 문벌귀족의 정치적 기반을 무너뜨리기 위해 남경 천도와 궁궐 신축 과정에서 주도적인 역할을 했다. 1104년(숙종 9) 1차 여진 정벌에 실패하자, 숙종에게 건의하여 별무반을 편성하고 다시 여진 정벌에 나섰다. 별무반의 편성은 국왕권을 강화하고 전국의 민을 국가가 직접 장악하는 계기가 되었다.

숙종은 의천의 제안을 받아들여 1097년(숙종 2) 화폐 유통 정책을 실시했다. 해동통보 등 각종 화폐를 발행하고 유통하기 위해 개경과 서경에 상점을 설치하고 상업을 육성하려 했다. 주요 교통과 상거래의 요충지인 관진(關津)에서 상세를 거두어 국가의 재원으로 삼았다. 공상을 억제의 대상이 아니라 농업과 함께 경제의 한 축으로 발전시켜야 한다고 생각했다. 화폐 유통을 통해 국가가 유통 경제를 장악하고, 유통 과정에서 문벌 등 권세가나 대상인의 민에 대한 수탈을 방지하고, 궁극적으로 왕권을 강화하려 했다. 두 사람은 숙종이 신뢰한 측근 중의 측근이었다.

고려 후기에 달라진 측근의 모습

무신정권 성립 이후 무신들이 권력을 독점하고, 왕권이 유명무실해지면서 내시와 내시 기구도 무력해졌다. 고려 후기 측근정치의 전형적인 모습은 원의 지배 시기 고려 국왕의 정치 형태에서 찾을 수 있다. 당시 충렬왕·충선왕·충숙왕·충혜왕·충목왕·충정왕으로 이어지는 과정에서 국왕들은 원나라 공주와 혼인했고, 그 사이에서 태어난 왕자들은 원에서 성장하면서 교육을 받은 후 원으로부터 국왕으로 임명되어 고려를 통치했다. 그들은 국내에 정치 기반이 없을뿐더러 국내 정치 상황에도 익숙하지 않았기 때문에, 원에서 자신을 도왔던 시종 신료를 측근으로 삼아 이들에게 의존하여 고려를 통치하고자 했다. 원나라 공주를 따라 고려에 온 시종 신료도 공주는 물론 국왕의 측근이 되었다.

　　고려 후기의 측근은 내시가 아니라 앞서 설명했듯이 폐신·폐행·총신이라 불렸다. 원이 고려를 지배한 이후에 나타난 폐신·폐행과 달리 총신이라는 용어는 이미 의종(재위 1146~1170)대에 출현했다.[2] 총신이란 국왕의 총애를 믿고 왕권 강화와 전제

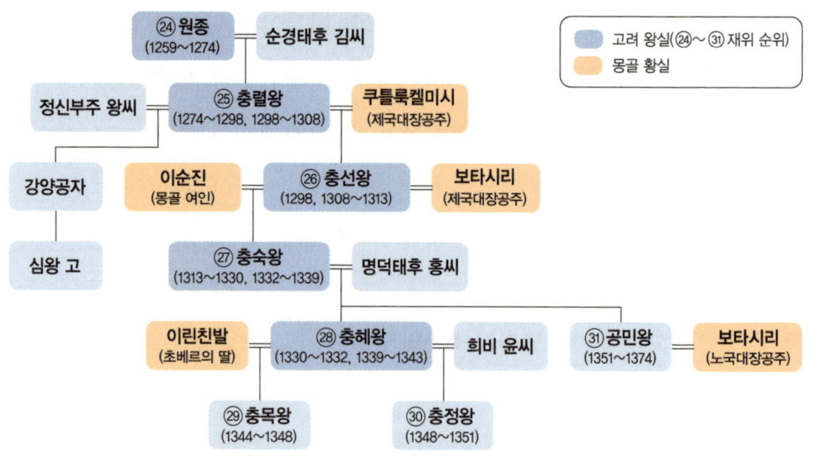

고려 왕실과 몽골 황실의 혼인 관계

권 확립 등 국왕의 권력을 위해 헌신하면서 자신의 이익을 도모하는 사람을 말한다. 총신이 주도하는 정치 운영 방식을 총신제(寵臣制)라 불렀는데,[3] 측근정치와 다름없는 정치 형태였다. 폐행의 구체적인 모습은 《고려사》 〈폐행 열전〉에서 확인할 수 있다. 여기에 수록된 55명의 인물 가운데 출신이 밝혀진 이는 42명이다. 그중 문반·무반 관료 출신 5명을 제외하면 평민(15명), 천민(10명), 상인(2명), 승려(3명), 외국인(7명) 등 미천한 신분이 많다. 이들 대부분은 원 간섭기에 국왕의 측근으로 활동했다.

고려 후기 측근은 신분과 학문적 능력 면에서 고려 전기 측근인 내시와는 유형이 전혀 달랐다. 《고려사》 〈폐행 열전〉에 따르면, 고려 후기 측근 세력은 문벌이 좋거나 학문적 능력이 뛰어나

기보다는 주로 원 황실에 공로가 있거나 원에서 고려 국왕을 보좌한 인물들이었다. 구체적으로 몽골어에 익숙한 역관 출신, 몽골의 일본 원정에서 공을 세운 사람, 원에 행차하는 국왕이나 왕족을 수행한 신하, 고려 국왕과 혼인한 원 황실의 공주를 따라 고려에 온 신하, 원 황실에서 환관으로 활동하다가 사신으로 귀국한 사람 등 상대적으로 출신이 미천한 이들이 측근이 되었다.

측근정치의 폐단

측근정치는 정책 결정에서 추진력과 신속성이 있었다. 그러나 공론보다는 특정 집단의 이해관계에 따라 정책이 결정되는 경우가 많아 투명성과 공정성 면에서는 한계가 뚜렷했다. 특히 원의 고려 지배 이후 그 폐단이 깊어졌다. 대표적인 예를 들어보자.

인후(印侯, 1250~1311)는 원래 이름이 훌라타이(忽剌歹)로, 몽골인이다. 1274년(원종 15, 충렬왕 즉위) 충렬왕비 제국대장공주의 몸종으로 고려에 와서 중랑장에 임명되었다. 고려에 귀화한 후 두 나라를 오가는 충렬왕과 왕비를 수행했으며, 각종 현안을 잘 해결해서 충렬왕의 신임을 얻고 재상으로 승진해 측근이 되었다. 인후는 충렬왕의 또 다른 측근인 한희유를 무고해 자신의 권력을 굳히려 했지만, 한희유를 변론한 충렬왕의 노력으로 무고로 밝혀져 파직되었다. 그러나 충렬왕이 사망한 후 즉위한 충선왕의 측근이 되어 정국을 좌지우지했다.

인후는 처음에는 매우 가난했으나 왕의 총애를 받은 후 여러 차
례 상을 받아 큰 재산을 축적했다. 또한 그는 세력을 빙자해 뇌물
을 많이 받고, 다른 사람의 토지와 노비를 헤아릴 수 없이 빼앗아
사람들이 많이 원망했다고 한다. 그가 죽자 서로 축하하는 사람
까지 있었다. … 아들 인승광(印承光)과 서자 인승단(印承旦)이 있
었다. 인후는 과거 급제의 영예를 부러워하여 인승광에게 과거
시험을 보게 했다. (폐행) 장순룡(張舜龍)도 자기 아들 장선(張瑄)
에게 과거시험을 보게 했다. 인승광과 장선 모두 학식도 없고 재
주도 없었으나 시관(試官)이 인후 등의 뜻에 아부하느라 그들을
급제시켰다.[4]

원종 대에 친종장군이었고 충렬왕 대에 응방 책임자였던
윤수(尹秀)도 고려 후기 측근정치의 대표적인 인물이다. 윤수는
원종 대에 당시 동지추밀이었던 조오(趙璈)와 모의해 권력자 임
연을 제거하려는 계획을 세웠는데, 조오가 이를 미루자 그 계획
을 오히려 임연에게 고발해 신임을 얻었다. 그러나 1270년(원종
11) 무신정권이 무너지자, 윤수는 조오의 모해 사건에 대한 책임
을 추궁당할 것을 우려하여 가족을 이끌고 원에 투항했다.

윤수는 원에서 재기에 성공한다. 충렬왕이 몽골에 있을 때
매와 사냥개를 선물해 그의 총애를 받아 측근이 된 것이다. 윤수
는 또한 충렬왕을 통해 원 황제에게 접근했다. 원 황제가 사냥용
매를 좋아한다는 사실을 이용해 황제의 총애까지 받았다. 충렬왕
이 즉위하자 윤수는 가족을 이끌고 귀국해 매를 사냥하고 사육해

원 황실에 공납하는 응방의 책임자가 되었다. 윤수는 충렬왕의 총애와 원 황제의 권력에 기대어 악행을 일삼아서 사람들이 그를 짐승처럼 여겼다고 한다. 그는 원 황제에게 간청해 나주에 응방자(鷹坊子, 매를 전문적으로 포획해 관리하는 사람) 50명을 파견한 뒤 이들을 고려 정부가 간섭하지 못하게 했고, 자기 휘하의 박의(朴義)라는 인물을 관리자로 요청했다. 그는 이 사실을 황제의 명령이라고 하여 억지로 고려 정부에 시행하게 했다. 윤수의 불법 행위는 이뿐이 아니었다.

> 윤수는 원 황제의 측근으로 가장해 여러 도(道)에 응방을 설치해 관리하면서 세금을 포탈하고, 도망간 민〔逋民〕들을 불러 모아 이리간(伊里干, 중국어로 '취락')이라 불렀다. 안찰사나 수령 들이 자신의 뜻을 조금이라도 거스르면 반드시 참소하여 처벌했기 때문에, 이리간의 사람들이 양민들에 대해 거리낌 없이 포악한 짓을 해도 누구도 감히 어찌하지 못했다. 도병마사(都兵馬使)가 여러 차례 응방 폐지를 요청했으나, 윤수 등은 왕이 그 요청을 받아들일까 두려워서 왕에게 넌지시 알리고, 황제에게 아뢰어 그의 명령을 받았기 때문에 응방은 도저히 없앨 수 없었다.[5]

그는 이같이 황제의 명령을 빙자해 온갖 불법을 저질렀으며, 심지어 고려 국왕조차 그를 제지할 수 없을 정도였다.

원이 고려를 지배한 뒤에 나타난 또 다른 측근의 존재는 환관이다. 충렬왕과 충선왕은 원 황실의 고려 출신 환관을 이용하기 위해 작위를 내려 그들을 측근으로 삼아 자신의 정치적 지위를 유지하고 강화하려 했다. 다음의 사실이 그러했다.

> (고려) 국왕이 원에 요청할 일이 있으면 먼저 (고려 출신) 환관에게 의지했다. 이 까닭에 충렬왕 때 이미 군(君) 작위를 받아 봉군(封君)된 환관도 있었다. 충선왕은 원나라 수도에 머물며 궁전을 자주 드나들면서 환관들과 친해졌다. 황제에게 요청할 일이 있으면 충선왕은 더 가깝고 총애하는 환관을 택해 봉군하고 벼슬을 주었다.[6]

심지어 충선왕은 1310년(충선왕 2) 고려 출신 환관 15명에게 이례적으로 봉군한 적이 있다. 원래 환관은 관직에 나아가거나 관리가 될 수 없는데도 충선왕은 이들에게 작위를 내린 것이다. 측근정치의 극단적인 폐단은 이처럼 측근이 될 수 없는 환관을 측근으로 이용하면서 나타나기 시작했다. 조선 초기 역사가들은 환관을 이용한 측근정치가 고려 망국의 한 원인이었다고 평가하기도 했다.

> 공민왕이 오랫동안 재위하면서 … 특히 환관을 믿고 중용해서, 환관이 나라를 경영하고 도를 논하는 자리에 올라 조정에서 국정을 논했다. 그래서 고려의 사직이 오래가지 못했다. 이를 경계해서 환관들의 행적을 담은 열전을 짓는다.[7]

측근 환관의 정치 개입은 정상적인 국정 운영을 가로막고 많은 폐단을 일으켰다. 그러한 폐단의 정점은 환관에 의존해 통치를 한 공민왕이 이들에게 죽임을 당한 사실이다.

—

고려에서 유독 성행한 측근정치는 현대 정치뿐 아니라 인간의 통치 행위가 이루어지는 곳이라면 어디에서든 나타날 여지가 있다. 측근정치가 초래한 가장 근본적인 문제는 공정한 인재 등용을 가로막는다는 사실이다. 또한 측근정치는 권력자와 측근의 사익 추구 행위에 그치지 않고, 결국 민심의 불복으로 정권 몰락은 물론 국가와 사회의 근본적인 위기를 초래한다. 그러나 측근정치의 폐해를 바로잡는 일은 빈부 격차나 이념 갈등처럼 단시간에 해결하기 어려운 과제가 아니다. 해법은 간단하다. 권력자가 해당 직책에 걸맞은 현명하고 유능한 인재를 등용하는 이른바 적재적소의 원칙을 고수하면 된다. '인사가 만사'라는 말이 있듯이 훌륭한 정치는 공정한 인재 등용 정책에서 시작된다.

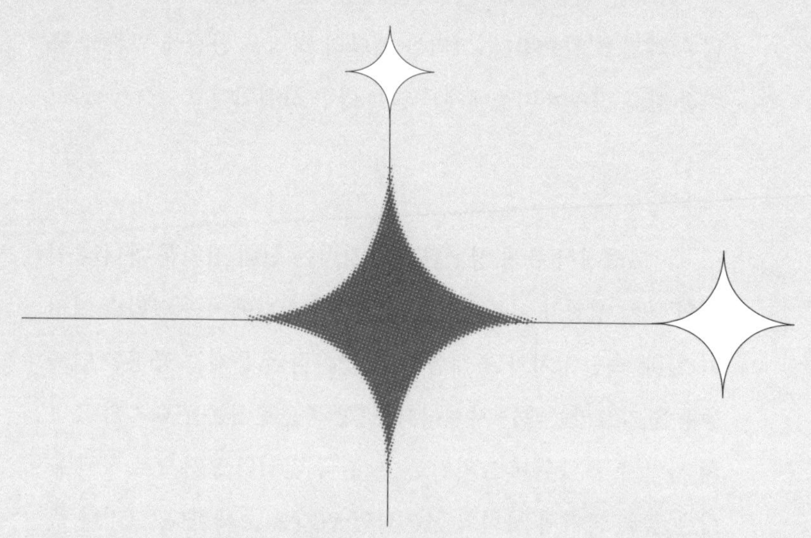

한국 시험제도의 기원

1964년 12월 실시된 서울시 중학교 입시에서 자연 과목 한 문제를 두고 큰 논란이 일었다. 엿을 만들 때 엿기름 대신 넣어도 좋은 것을 묻는 사지선다형 문제가 출제되었는데, 출제위원회가 '디아스타제'를 정답으로 발표하자, '무즙'을 선택한 학생들의 학부모들이 집단 항의하면서 커다란 사회적 파장을 불러일으켰다. 결국 법정 공방 끝에 법원은 무즙을 선택한 학생들도 정답 처리하라고 판결했다. 이른바 '무즙 파동'으로 불리는 이 사태는 당시 명문학교로 가기 위한 입시 과열, 비정상적인 교육 열풍의 단면을 잘 보여준 사례였다.

우리 사회는 일찍부터 치열한 시험 경쟁을 치러왔다. 물론 이는 자유로운 경쟁 사회가 겪어야 할 자연스러운 과정이다. 걱정해야 할 것은 입학시험의 경쟁 자체보다 '무즙 파동'과 같이 시험에서 절차적 정당성과 공정성을 잃는 경우, 사회적 신뢰성을 상실하여 사회의 존립 기반이 위협받을 수 있다는 것이다. 그러나 현재 진학을 위한 입학시험, 각종 공무원 채용시험 및 전문직

면허시험 등 우리나라의 각종 시험 제도는 전반적으로 공정하게 운영되고 있으며, 사회적 신뢰도도 매우 높은 편이다. 공정성에 기초한 시험제도는 사회정의를 바로 세우고 대한민국 80년을 지켜준 버팀목 가운데 하나라고 해도 과언이 아니다.

시험의 공정성은 또한 능력(실력)주의라는 새로운 이념을 우리 사회에 심어주었다. 아직도 우리 사회 한편에서 능력주의에 반하는 연고주의가 살아 움직이는 경우도 있지만, 사회 발전을 가로막을 정도로 심각하지는 않다. 그것은 모든 과정의 시험에서 연고주의가 철저하게 배제되고, 능력(실력)주의가 관철되고 있기 때문이다. 좁은 국토와 부족한 자원에도 불구하고 공정한 시험을 통해 배출된 인재들이 대한민국의 선진화를 이끌었다고 해도 과언이 아니다. 국내 유수한 재벌 총수도 마음대로 할 수 없는 것이 자식을 최고의 명문 대학에 입학시키는 일이라는 우스갯소리가 있을 정도이다. 시험 제도의 공정성이 대한민국호의 침몰을 막아주는 안전장치로 작동하고 있다.

고려시대의 국가시험, 과거

현재 대한민국 시험 제도의 기원은 고려 초에 시행하기 시작한 과거제도다. "삼국시대 이전에는 과거로 시험을 보는 법이 없었고, 고려 태조도 먼저 학교를 세웠지만 과거로 선비를 뽑을 겨를이 없었는데, 광종이 당나라 제도를 채용해 과거로 선비를 뽑았다"¹는 것이다.

이 기록에 따르면 삼국시대에 과거제도가 없었다고 했는데 과연 그럴까? 통일신라시대인 788년(원성왕 4) 유교 경전으로 시험을 치러 관리를 채용하는 독서삼품과 제도가 생겼는데, 이를 최초의 과거제도로 보는 사람들도 있다. 그러나 이 제도는 관리 등용에 참고하는 정도였지, 시험 성적이 관리 선발의 절대적 기준은 아니었으며, 지속적으로 시행되지도 않았다. 따라서 과거제도가 명실상부하게 시행되기 시작한 것은 고려 광종 대이며, 조선 말기인 1894년까지 거의 900년간 유지되었다.

958년(광종 9) 처음 실시된 과거와 관련해 《고려사절요》는 다음과 같이 기록하고 있다.

여름 5월 한림학사 쌍기를 지공거(知貢擧, 고시관)로 임명하고, 시(詩)·부(賦)·송(頌)과 시무책의 과목으로 시험을 치러 진사를 뽑게 했다. (광종은) 위봉루에 가서 급제자를 발표하고, 갑과(甲科) 최섬 등 2명, 명경(明經) 3명, 복업(卜業) 2명을 급제시켰다. 쌍기의 의견을 채택하여 처음으로 과거를 시행했는데, 이때부터 학문하는 풍조(문풍文風)가 일어났다.²

광종은 중국 귀화인 쌍기를 지공거로 임명해 시험을 주관하게 했다. 지공거는 '과거 응시자를 선발하는 사람'이라는 뜻으로 고시관 혹은 좌주(座主)라 불렀다. 위 인용문의 시·부·송과 시무책은 제술업(製述業)의 시험 과목이다. 구체적으로 시 짓는 능

《북새선은도(北塞宣恩圖)》 조선의 화원 화가 한시각(韓時覺)이 1664년(현종 5) 함경도 길주목에서 실시된 과거시험 장면을 그린 기록화이다.

력을 평가하는 시, 사물이나 자연에 대한 감상을 드러내는 능력을 시험하는 부, 왕이나 훌륭한 인물의 덕을 어떻게 칭송하는지를 보는 송, 그리고 사회 현안에 대한 인식과 문제 해결 능력을 평가하는 시무책(혹은 대책)으로 인재를 선발했다. 글 짓는 능력이 뛰어난 인재를 선발한 제술업은 유교 경전에 밝은 인재를 뽑는 명경업(明經業)과 함께 고려시대 과거의 주요 과목이었다. 특히 제술업이 중시되었다. 점을 잘 치는 사람을 선발하는 복업을 비롯하여 의업(醫業, 의술), 명법업(明法業, 법률), 명산업(明算業, 계산), 지리업地理業(풍수지리) 등 해당 분야의 전문가를 뽑는 시험

(잡업雜業)도 있었다. 다만 고려시대에는 무과시험은 시행하지 않았다. 과거 성적은 제술업과 명경업의 경우 갑과·을과·병과·동진사同進士의 4등급으로 분류되다가 나중에 갑과가 폐지되고 3등급 분류로 바뀌었다.

과거 합격은 매우 어려운 일이었다. 고려 후기의 문신 이규보(1168~1241)의 사례에서 짐작할 수 있다. 16세에 처음 응시했다가 떨어진 그는 세 번이나 낙방의 고배를 마신 뒤 네 번째 시도 만에 합격했고 이듬해 최종 시험인 예부시에 합격해 관료가 될 자격을 얻었는데, 과거 공부를 시작한 시점부터 헤아리면 무려 9년이 걸렸다.

과거제도 도입이 늦어진 이유

전근대 동아시아에서 과거를 시행한 나라는 우리나라, 중국, 베트남이다. 일본은 헤이안시대(794~1185)에 시행되다가 말기에 폐지되었다. 최초는 중국으로, 6세기 후반 수 문제 때 처음 실시했다. 과거제도를 본격적으로 시행한 것은 당 건국 이후인 621년(고조 4)이다. 베트남은 1075년 처음 과거가 치러졌다. 과거제도는 1894년 한국, 1898년 중국, 1919년 베트남에서 각각 폐지될 때까지 꾸준하게 시행되었다.

그런데 고려는 왜 중국보다 300년 이상 늦은 958년에 가서야 이 제도를 시행했을까? 중국의 경우 후한대에 천거제도, 위진남북조시대에 구품중정제(九品中正制)가 시행되다가 수와 당에 이르러 과거제도가 등장했다. 수와 당은 한이 멸망한 이후 350년이 넘게 지속한 위진남북조의 분열기를 통일한 황제 중심의 천하국가였다. 따라서 체계적인 통치 기구와 함께 이를 운영할 수 있는 전문적인 관료 집단을 갖추려면 연고주의에서 벗어나 실력과 능력을 갖춘 인재를 선발할 수 있는 제도가 필요했던 것이다. 수·당시대 이후 비로소 유교 경전을 해석하고 문장을 작성하는 등의 능력과 실력을 지닌 인재를 뽑는 과거제도가 보편화되기 시작했다.

고려의 과거제도 도입 역시 비슷한 맥락에서 볼 수 있다. 후삼국을 통합해 한반도에서 실질적으로 통일국가를 수립한 고려왕조 역시 왕권을 보좌할 능력과 실력을 갖춘 엘리트 관료 집

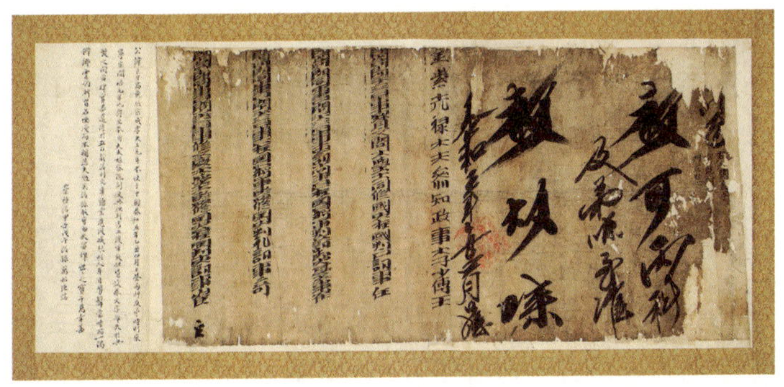

홍패 장양수가 1205년(희종 1)에 치러진 진사 시험에서 병과에 합격하고 받은 급제첩이다. 과거시험은 무신정권 시기에도 시행되었으나, 실질적인 관리 임용은 무신 권력자의 천거에 의해 이루어졌다.

단이 필요한 시점에 이르러서야 과거제도를 시행할 수 있었다. 물론 한반도를 처음 통일한 통일신라도 전국을 통치할 전문적인 행정 관료 집단이 필요했겠지만, 진골 귀족이 관직은 물론 정치·경제적 특권을 독점하고 있어서 과거제도 같은 인재 등용 정책을 시행할 수 없었다. 과거제도 시행이 중국보다 300년 이상 늦어진 배경에는 이러한 사정이 있었다.

고려는 후삼국을 통합한 뒤에도 강한 군사력과 경제력을 가진 호족 세력이 정치를 주도했다. 태조 왕건은 죽기 직전 지금의 경기도 광주 출신 호족 왕규와 당진 출신 박술희를 후견인으로 삼아 장남 혜종(재위 943~945)에게 왕위를 넘겼다. 혜종의 외가인 나주 지역 호족 세력이 미약했기 때문이다. 반면에 혜종의 배다른 동생으로 뒷날 즉위하는 정종과 광종은 외가가 당시 가장 강력한 호족인 충주 유씨였다. 정종(재위 945~949)은 서경 지역 호족 세력을 대표하는 태조 왕건의 사촌 왕식렴과 결합해 혜종의 후견인인 왕규와 박술희를 제거하고 왕위에 올랐다. 그러나 정종은 즉위 후 왕식렴의 근거지인 서경으로 천도를 강행하다가 의문의 죽음을 당했고 왕식렴도 곧이어 죽었다.

광종(재위 949~975)은 외가인 충주 유씨 호족 세력의 강력한 후원 아래 즉위했다. 그러나 형 혜종과 정종의 죽음에 왕규, 박술희, 왕식렴과 같은 당대의 강력한 호족 세력이 연루된 사실에 심리적 충격을 받았고 호족 세력의 압박에 시달렸다. 호족 세력에 계속 의존하면 결국 그들에게 크게 휘둘릴 것이라는 점을 광종은 깊이 깨달았다. 광종은 호족 세력을 제거하고 왕권을 강화하는 정책이 자신의 통치는 물론 고려 왕실과 왕조의 지속적인 안정을 위해 필요하다는 사실을 절감했다.

이를 위해 광종이 가장 먼저 시행한 것이 노비안검법이다. 호족들이 불법으로 취득한 노비를 해방하거나 원래 주인에게 되돌려주겠다는 것으로 호족의 군사·경제적 기반을 약화시키는 조치였다. 이를 계기로 광종은 자신을 보좌할 새로운 정치 세력을 양성하고자 과거제도를 도입했다.

광종이 쌍기와 함께 도입한 과거제도는 고려시대 정치 전반에 흔적을 남겼는데, 크게 세 가지 측면에서 살펴볼 수 있다. 첫째, 관료 사회에 능력주의가 뿌리내렸다. 과거제도는 기본적으로 능력주의에 기초하고 있어서 골품제나 음서제와는 원리부터 달랐다. 따라서 과거제도는 능력과 실력을 갖춘 관료층을 대두시켜 지역과 무력을 기반으로 지방 세력이 주도하던 고려 초기의 정치

지형을 크게 변화시켰다. 둘째, 유교 정치 이념이 뿌리내리는 계기가 되었다. 유교 경전이 시험 과목이라 과거에 합격하려면 유교적 소양을 닦는 수밖에 없었고, 이런 분위기가 사회 전반에 영향을 미쳤기 때문이다. 셋째, 왕권이나 집권 체제를 유지하는 데도 매우 중요한 역할을 했다. 혈통이나 가계가 아니라 능력을 기준으로 선발된 관료들과 함께 국정을 운영하는 것이 국왕권의 유지, 더 나아가 집권 체제 유지에도 유리했기 때문이다.

한편, 과거와 함께 관리가 되는 또 다른 주요 통로로 음서(蔭敍)제도가 있다. 한마디로 '조상의 음덕(蔭德)'으로 관리가 될 수 있었다. 1년에 한 번씩 정기적으로 5품 이상의 자제들에게 관료 진출의 혜택을 주거나 국가적 경사가 있을 때 부정기적으로 유공자나 그 자손에게 관품에 관계없이 관료 진출의 길을 열어주었다. 조선시대에는 이 제도가 있었으나 거의 시행되지 않았다. 《고려사》 열전에 수록된 인물 650명 가운데 과거 출신자가 340명으로 가장 많고 두 번째가 음서 출신 40명이다. 나머지 270명은 기록이 없어 진출 경로가 불확실하다. 음서 출신 가운데 9명은 다시 과거를 치러 관리로 진출했다. 고려시대의 음서제도는 관직 진출은 물론 출세 면에서도 보편적이거나 중요한 통로가 아니었다. 음서는 국가에 공이 있거나 유력한 가문의 자제들에게 관료로 진출할 수 있는 길을 열어주는 데 불과했다. 특히 고위직 진출은 관리의 능력에 달려 있었으며, 음서가 이를 보장하지는 않았다.

현명한 사람을 쓰는 데 차이를 두지 않는다

광종은 중국 귀화인 쌍기와 왕융을 고시관으로 임명해 재위 기간 중 여덟 차례 과거를 실시했다. 합격자 가운데 공신과 호족 출신의 자제는 거의 찾을 수 없었다. 옛 통일신라와 후백제 출신이나 서희 같은 중부 지역 출신 등이 관료 집단의 새로운 구성원으로 등장했다. 숙청이 인위적 쇄신이라면, 과거제도는 제도 개혁을 통한 자연스러운 물갈이였다. 최승로는 이 제도에 대해 매우 비판적이었다.

> "이로 인해 남북의 용인(庸人, 어리석은 사람)이 다투듯이 몰려왔습니다. 지혜와 재능을 따지지 않고 특별한 대우를 했습니다. 그런 까닭에 후생(後生)은 앞다투며 관리가 되었으나, 구덕(舊德)은 점차 쇠락했습니다."[3]

여기서 '남북의 용인', '후생'은 과거를 통해 등장한 새로운 관료 집단이며, '구덕'은 태조 이래 중용된 호족과 공신 집단이다. 과거제도 실시로 정치 세력이 교체되는 과정을 엿볼 수 있다. 최승로의 비판에도 불구하고 광종의 과거시험 실시로 문치주의가 자연스럽게 뿌리내렸다. 그 점은 고려 후기 역사학자 이제현의 말에서 확인할 수 있다.

광종이 쌍기를 등용한 것은 '현명한 사람을 쓰는 데 차이를 두지 않았다(입현무방立賢無方)'고 말할 수 있다. … 과거를 실시하여 선비〔文士〕를 뽑은 일을 본다면, 광종이 높은 뜻을 가지고 문치로 풍속을 교화하려 했음을 알 수 있다. 쌍기 또한 그 뜻에 따라 훌륭한 일을 이루려 했으니 보탬이 없었다고 말할 수는 없다.[4]

이제현은 기득권 세력인 호족 대신 외국인 쌍기를 과감하게 등용해 과거제도를 시행한 광종을 높이 평가했다. 이러한 인재 등용 정책을 친소(親疏)와 귀천(貴賤)을 가리지 않은 광종의 '입현무방(立賢無方)'이라 평가한 사실은 눈여겨볼 대목이다. 원래 이 말은《맹자》의 "탕왕은 중심을 잡고(지키면서) 어진 사람을 등용하는 데 차별을 두지 않았다〔湯執中 立賢無方〕"[5]라는 구절에서 나온 말이다.

광종은 과거제도 도입의 주역인 쌍기는 물론 과거 합격자를 선발하는 과정에서도 출신과 지역의 연고주의를 타파하고 오직 능력과 실력을 기준으로 삼았다. 앞서 설명했듯이 광종이 재위하는 동안 선발한 인재들 가운데 호족이나 공신 출신의 자제는 거의 없었다.

조선 후기의 역사학자 이종휘(1731~1797)도 입현무방의 공정성으로 인재를 등용한 광종을 높이 평가했다.

내가 생각하기에 쌍기를 등용한 것은 광종의 훌륭한 장점이다. 옛날 요임금은 항상 소외된 인물을 등용했다. … 쌍기는 중국인으로, 요임금 아래에 있는 순임금보다도 더 소외된 인물이었다.

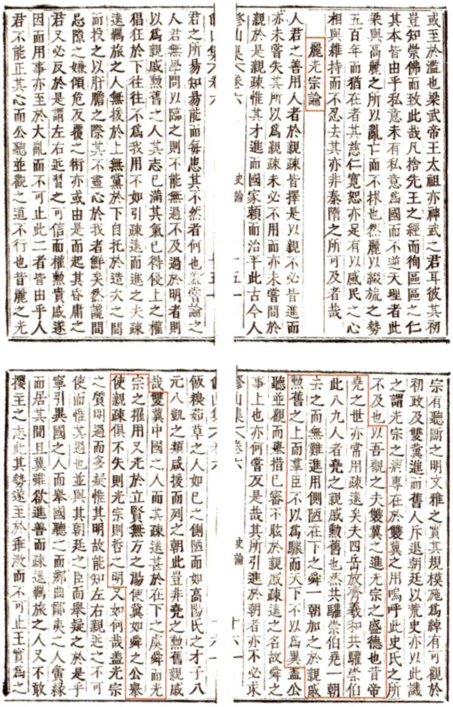
或至於濫也梁武帝王太祖亦神武之君耳彼其初
豈知崇佛而致此哉凡捨先王之經而徇區區之仁
其本皆由乎私意未有私意爲國而不逆天理者此
梁與高麗之所以亂亡而不救也然麗以綴旒之勢
五百年而猶在者其慈仁寬恕亦足有以感民之心
相與維持而不忍去其亦非秦隋之所可及者哉
麗光宗論
人君之善用人者於親疎皆擇是以親不必皆進而
亦未嘗失其所以爲親疎未必不用而亦未嘗間於
親於是親疎惟其才進而國家賴而治平此古今人
修山集卷六　史論　十五

君之所易知易能而每患其不然者何也蓋嘗論之
人君無學問以臨之則不能無過不及過於明者則
以爲親戚勳舊之人其志已滿其氣已得侵上之權
猖狂於下往往不爲我用不如引疎遠而進之夫疎
遠羈旅之人無援於上無黨於下自托於造次之間
而投之以肝膽之際其不盡心於我者鮮矣然讒間
忌隙之嫌傾危反覆之術亦或由是而起其昏庸之
君又必反於是謂左右近習之可信而權勳貴戚遂
因而用事亦至於大亂而不可止此二者皆由乎人
君不能正其心而公聽並觀之道不行也昔麗之光

宗有聽斷之明文雅之實其規模施爲綽有可觀於
初政及雙冀進而舊人斥退朝廷以荒史亦以此譏
之謂光宗之病專在於雙冀之用嗚呼此史氏之所
不及也以吾觀之夫雙冀之進光宗之盛德也昔帝
堯之世亦嘗用疎遠矣夫四岳放齊羲和共驩崇伯
此八九人者堯之親戚勳舊也而共驩崇伯堯一朝
去之而無難進用側陋在下之舜一朝加之於親戚
勳舊之上而羣臣不以爲驟而天下不以爲異蓋公
聽並觀而舉措已審不眩於親戚疎遠之名故舜之
事上也亦何嘗反是哉其所引進於朝者亦不必求
修山集卷六　史論　十六

飯糗茹草之人如已之側陋而如高陽氏之才子八
元八凱之類咸援而列之朝此豈非堯之勳舊親戚
哉雙冀中國之人而其疎遠甚於在下之虞舜而光
宗之擢用又光於立賢無方之湯使冀如舜之公擧
使親疎俱不失則光宗則哲之明又如何哉蓋光宗
之質明過而多疑惟其明故能知左右親近之不可
使而惟其過也並與其朝廷之臣而擧疑之於是乎
寧引異國之人而擧國聽之而鄕曲鄙夷之人夤緣
而居其間且冀雖欲進善而疎遠羈旅之人又不敢
攖主之志此其勢遂至於乖激而不可止王實爲之

《수산집》의 사론 〈여광종론(麗光宗論)〉 부분 《수산집》은 1803년 이종휘가 쓴 시가와 산문을 엮어 간행한 문집으로, 사론 〈여광종론〉 부분에서 쌍기를 등용한 사례를 들어 광종의 입현무방을 높이 평가했다(붉은색 표시 부분). 국립중앙도서관 소장.

그를 발탁한 광종은 친소나 귀천을 가리지 않고 어진 사람을 등용〔立賢無方〕한 탕임금보다 더 훌륭했다. 순임금을 공정하게 천거한 것과 같이, 광종이 쌍기를 등용한 것은 (재능 있는) 친한 사람과 소외된 사람을 모두 잃지 않으려 한 것이니, 광종은 분별력이 있는 현명한 군주였다.[6]

요임금은 아들 단주(丹朱)가 왕으로서의 자질이 부족하다
고 여겨, 신하들의 추천을 받아 초야에 있던 순을 즉위시켰는데,
이종휘는 광종을 순임금에게 왕위를 물려준 요임금에 비유하면
서 소외된 인물 쌍기를 등용한 점을 높이 평가했다.

—

광종은 호족 세력이 득세하던 정치판에서 소외된 외국인
쌍기를 등용했고, 그의 건의를 받아들여 과거를 처음으로 시행해
실력과 능력을 갖춘 인재를 관리로 등용했다. 입현무방의 인재
등용, 즉 공정성을 바탕으로 한 인재 등용의 제도적 완성이 바로
과거제도다. 대한민국의 버팀목인 입시의 공정성은 바로 고려의
과거시험과 맥이 닿아 있다고 해도 될 것이다.

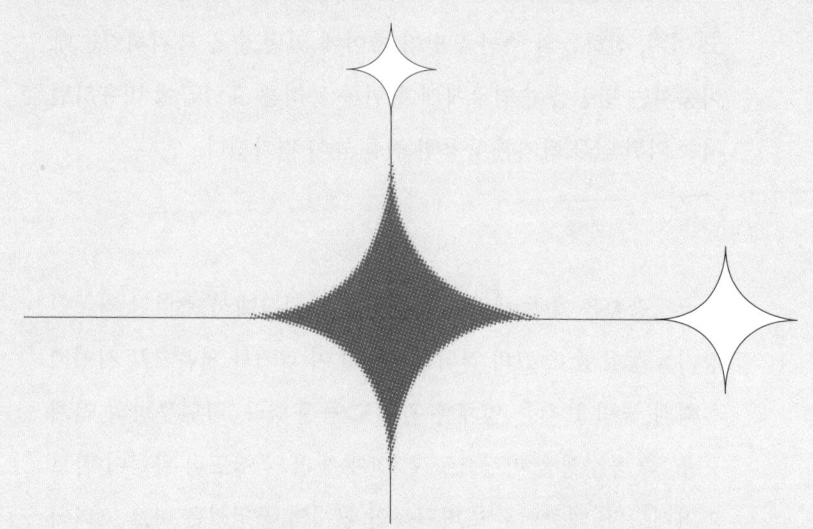

기회의 사다리를 세운 역동성

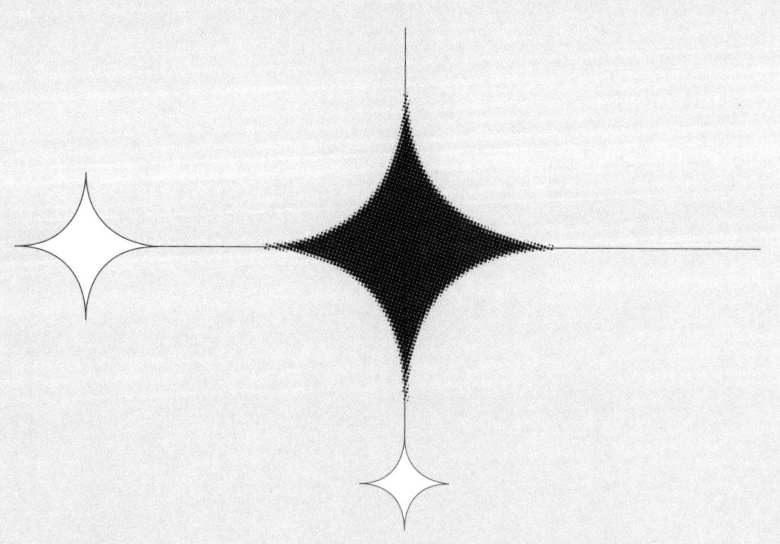

다음은 한국의 외교관이 외국인의 눈에 비친 한국의 모습을 정리한 글이다.

2002년 한일 월드컵을 1년 6개월여 앞두고 서울에서 한 외국인 기자를 만났다. "한국에 대한 인상이 어떠냐?"라는 다소 의례적인 질문에 그는 "역동적인 사회(Dynamic society)"라고 답했다. 실제로 월드컵을 계기로 "한국이 은둔의 나라인 줄 알았는데 개방적이고 역동적인 사회라는 사실을 깨달았다"는 외신들의 보도가 잇따랐다. 한국의 이미지를 대표할 국가 브랜드로 '다이내믹 코리아(Dynamic Korea)'라는 말이 등장했다. 세계 속에서 약동하는 시대상과 미래로 뻗어나가는 모습을 표현하는 데 이보다 더 적절한 표현은 없을 것이다.[1]

그런데 우리 역사를 되돌아보면, 고려야말로 역동적인 사회였다. 하층민의 운동과 정치적 진출이 활발하여 역사상 유례를 찾아볼 수 없을 정도로 신분 이동이 활발했다. '다이내믹 코리아'의 원조는 바로 고려 사회였다고 해도 과언이 아니다.

왕후장상의 씨가 따로 없다

무신정권 권력자 이의민(집권 1184~1196)은 고려사에서 드라마틱한 인물 중 한 사람이다. 경주에서 태어난 그는 천민 출신으로, 아버지는 소금과 체를 파는 상인이었고 어머니는 사원의 비(婢)였다. 8척의 큰 키에 힘이 장사였던 이의민은 두 형과 함께 마을에서 자주 횡포를 부렸다. 안렴사 김자양이 이 세 사람을 붙잡아 모진 고문을 했는데 이의민만 죽지 않고 살아남자, 그의 완력에 놀라 개경의 경군(京軍)으로 선발했다.

이의민이 경군으로 발탁되어 개경으로 가는 중에 어느 사찰에서 하룻밤을 묵었는데, 이상한 꿈을 꾸었다. 성문에서 궁궐까지 걸려 있는 긴 사다리를 타고 올라가는 꿈이었다. 꿈에서 깬 그는 이상하다고 생각했다. 아버지 이선(李善)도 어린 아들 이의민이 푸른 옷을 입고 황룡사 구층탑을 오르는 꿈을 꾸고 아들이 필시 귀한 신분이 되리라 믿은 적이 있었는데, 비슷한 꿈을 꾼 것이다. 사다리 오르는 꿈을 꾼 뒤 이의민은 대망을 품었는데, 그것은 고려왕조를 뒤엎고 신라를 부흥시키는 일이었다.[2]

경군이 된 그는 타고난 완력으로 수박희(手搏戲, 태권도의 일종)를 잘해 의종의 총애를 받았고 단숨에 별장(別將, 정7품 벼슬)으로 승진했다. 그리고 1170년 무신정변 때 큰 공을 세워 장군(將

義方之力遂配宗旵等十餘僧于海島

李義旼

李義旼慶州人父善以販鹽醫篩爲業母延
日縣玉靈寺婢也義旼少時善夢見義旼衣
青衣登黃龍寺九層塔以爲此兒必大貴及
壯身長八尺膂力絕人與兄二人橫於鄉曲
爲人患按廉使金子陽收掠栲問二兄瘦死
獄中獨義旼不死子陽壯其爲人選補京軍
乃契妻負戴至京會日暮城門已閉投宿城
南延壽寺夢有長梯自城門至闕歷梯而登
覺而異之義旼善手搏毅宗愛之以隊正遷
別將鄭仲夫之亂義旼所殺居多拜中郎將
俄遷將軍明宗三年金甫當起兵以張純錫
柳寅俊爲南路兵馬使純錫寅俊等至巨濟
奉毅宗出居雞林仲夫李義旼方聞之使義旼
及散貞朴存威領兵趨南路義旼等至雞林
有人遮說曰前王來此非州人意乃由純錫
寅俊等爾其徒不過數百皆爲合之衆去其

《고려사》 이의민 열전 부분 이의민은 경주 출신의 천민이었지만 역량이 뛰어나 정중부에게 발탁된 후 출세했다. 명종 대에 재상이 되었고, 정권을 장악한 후 역모를 꾀하다가 최충헌에게 제거되었다.

軍, 정4품)이 되었다. 장군은 1,000명의 군사를 지휘하는 무반의 고위직이다. 많은 사람이 피해를 본 무신정변이 그에게는 도약의 기회가 되었던 것이다.

1173년(명종 3) 김보당이 주동하여 의종 복위운동을 일으켰다. 김보당 세력은 거제도에 유폐된 의종을 경주로 모셔 와서 그를 구심점 삼아 무신정권을 타도하려 했다. 복위운동의 거점을 경주로 택한 것은 옛 신라 수도라는 상징성과 함께 그곳의 반(反)왕조 정서를 이용하기 위해서였다. 권력자 정중부는 복위운동 진압 사령관으로 경주 출신 이의민을 선택했다. 경주의 반고려적 정서를 역이용한 것이다. 그가 의도한 대로 경주 사람들은 이의 민을 반기면서 반란 주동자를 제압하고 의종을 경주 관아에 가두 었으며, 이의민은 의종을 직접 살해했다. 그리고 약 10년이 지난 1184년(명종 14) 경대승이 병사하면서 이의민은 무신정권의 최 고 권력자가 되었다.

이의민은 국왕과 관료 중심의 왕정 체제를 없애고 새로운 세상을 꿈꾸었다. 신라 부흥을 기치로 내걸고 1193년(명종 23) 운 문사(경북 청도군 소재)와 초전(경남 밀양시)에서 각각 봉기한 김 사미와 효심 등의 반적들과 내통했다. 반란 세력들도 엄청난 재 물을 이의민에게 바쳤다고 한다.[3] '왕후장상(王侯將相)의 씨가 따 로 없다'라는 기치 아래 1198년(신종 1)에 일어난 만적의 난도 이 의민이 뿌린 씨앗에서 발아한 것이다. 그는 직설적이고 거침없는 무신의 전형적인 기질을 지닌 인물이었다. 국왕과 관료 중심의 왕정 체제에 기생하여 경제·군사·인사권을 독점하고 달콤한 권 력에 안주하려 한 정중부·경대승·최충헌 등의 무신 권력자와는 다른 유형의 인간이었다. 그러나 김사미와 효심의 봉기가 진압된 후인 1196년(명종 26) 4월 이의민은 냉정한 권력자이자 또 다른 야심가 최충헌에게 제거되었다.

이의민과 같은 인물의 출현은 역사의 우연이나 돌출 현상 이 아니다. 당대의 사회·경제적 변화에 따른 신분제의 변동 때문 이다. 12세기 전반 예종(재위 1105~1122)·인종(재위 1122~1146) 대에 이르면, 개간이 진척되는 등 농경지가 상당한 정도로 확대되고 생산력이 크게 향상되면서 하층민의 토지 소유가 보편화되고 토지 사유 관념도 강해졌다. 그에 따라 하층민은 자신들이 경제의 주체임을 자각하면서 불합리한 지배 질서에 불만을 품기 시작했다. 12세기 이후 가혹한 수탈을 피해 거주지에서 벗어나 다른 지역으로 이동하는 '유망(流亡)' 현상과 같은 사회적 동요와 변동이 나타났다. 12세기 후반 이의민과 같은 하층민의 정치적 진출은 이러한 시대 배경에서 가능했다.

《고려사》를 편찬한 조선시대 역사가들은 국왕을 중심으로 문신 관료 집단이 이끄는 왕도정치를 이상적인 정치로 생각했다. 그 때문에 무신정권과 무신 권력자들에 대한 그들의 서술은 비판적일 수밖에 없었다. 그러나 하층민들에게 무신정권의 출현은 기존 문벌귀족 중심의 정치를 넘어서 새로운 기회와 희망을 주는 역동적인 시대가 열린 것으로 보였을 것이다. 이처럼 다른 시선으로 보면, 무신정권의 출현은 '역동적인 사회'의 도래로 비칠 수 있었다.

지배층으로 오르는 네 가지 사다리

1258년 3월 무신집권자 최의가 김준과 임연에게 피살되면서 최씨 정권이 무너지고, 1259년 몽골과 강화로 전쟁이 끝났다. 1270년 무신정권의 마지막 권력자 임유무가 피살되고 강화도에서 개경으로 환도하면서 원 간섭기가 시작되었다. 이 과정에서 주목할 만한 것은, 무신정권 시기부터 시작된 하층민의 정치·사회적 진출이 원의 고려 지배 이후 더욱 확대되었다는 점이다.

원 간섭기 하층민이 지배층으로 진입하는 통로는 일본 원 정과 내란 진압 등 전쟁을 통해 무공을 세우거나, 몽골어에 능통한 역관이 되거나, 원 황실의 환관이 되거나, 황후 또는 공주가 되는 등 네 가지 정도였다.

먼저, 무공으로 진출한 부곡인 박구(?~1289)의 사례를 보자.

박구(朴球)는 울주(蔚州, 울산) 소속 부곡인이다. 조상은 부유한 상인(富商)이었다. 그 역시 큰 부자(饒財)로 알려졌다. 원종 때 상장군(무반 최고직, 정3품)이 되었다. … 원 세조가 일본을 정벌할 때 고려군 부사령관으로, 사령관 김방경과 함께 참전하여 공을 세웠다. 그 후 재상인 동지밀직사사(종2품)가 되어 합포(지금의 마산)를 지켰다. 찬성사(정2품)의 관직에 있다가 죽었다. 박구는 다른 기능은 없고 전쟁에서 공을 세워 귀하게 되었다.[4]

부곡인 출신 박구는 원종 대에 무반의 최고위직에 올랐고, 1274년(충렬왕 즉위) 원나라 출신 충렬왕 비가 고려로 올 때 호위 군사를 맡을 정도로 충렬왕의 측근이 되었다. 더욱이 1281년 5월 고려와 몽골 연합군이 일본을 정벌할 때 부사령관으로서 크게 공을 세웠다. 부곡인으로 재상이 된 것은 그가 처음이다.

유청신(?~1329년)도 부곡인 출신인데, 몽골어 역관으로서 지배층으로 진출한 사례다.

유청신의 처음 이름은 비(庇)다. 장흥부에 소속된 고이(高伊) 부곡 출신이다. … 나라 제도에 부곡인은 공을 세워도 5품을 넘을 수 없다. 유청신은 몽골어를 잘해 여러 차례 원에 사신으로 가서 일을 잘 처리했다. 이 때문에 충렬왕의 사랑을 받았다. 충렬왕은 특별히 교서를 내려, "유청신은 조인규를 따라 힘을 다해 공을 세웠다. 비록 그는 5품에 머물 수밖에 없으나, 특별히 3품의 벼슬을 내린다"라고 했다. 또 그의 출신지 고이 부곡을 고흥(高興)현으로 승격했다.[5]

유청신은 일본 원정과 나얀의 반란 때 원과 고려 사이에서 통역 업무를 잘한 공을 인정받아 1287년(충렬왕 13) 8월 규정에 없는 대장군(종3품)으로 승진한다. 1297년(충렬왕 23)에는 재상 자리에 올랐을 뿐 아니라 충선왕의 측근이 되어 원에 있던 충선왕을 대신해 국내 정치를 전담한다. 세자 시절의 충선왕을 보필하며 그와 함께 원 황제 쿠빌라이를 알현하고 정치 현안을 논의할 정도로 황제의 총애를 받았다. 아들 유유기(柳攸基)와 손자 유탁(柳濯)까지 3대가 모두 재상의 자리에 오를 정도로 그의 집안은 고려 말 신흥 명문가가 되었다.

부곡인은 신분상 양인이지만 군현에 거주한 일반 농민에 비해 차별을 받아 현실적으로는 노비와 비슷한 처지였다. 이른바 양인과 천인의 두 경계를 넘나든 '경계인'이지만, 원 간섭기 이후 하층민의 신분 상승을 주도한 계층이었다.

환관이 되는 것도 하층민이 지배층으로 진입하는 통로 중

하나였다. 환관 가운데 원 조정에서 활동하면서 황실의 총애를 받아 고위직에 오른 인물이 많았다.

《고려사》〈열전〉에 오른 환관 14명 가운데 12명이 원 간섭기 이후 활동한 환관으로, 임백안독고사와 방신우가 대표적이다. 임백안독고사는 비인현(충청남도 서천군 비인면) 출신으로 스스로 거세해 환관이 되었고, 원 영종(英宗) 시절 충선왕을 유배 보내는데 가담할 정도로 권력이 있었다. 방신우(1267~1343)는 상주 중모현 향리 출신으로, 1289년(충렬왕 15) 원나라 유성황태후의 눈에 띄어 환관이 되었다. 이후 7명의 황제와 2명의 황후를 섬겼다. 1332년 귀국할 때까지 40여 년간 원 황실에서 환관으로 지내면서 신임을 얻어 그는 황실로부터 많은 보화와 땅을 하사받아 상당한 부를 축적했고 고위직으로 승진했다. 수원황태후 때 영록대부(榮祿大夫, 정2품) 평장정사에 임명되는 등 고려 출신 환관 가운데 가장 고위직에 오른 인물이다.

원에서 황후가 되어 지배층에 진입한 인물로는 기황후가 대표적이다. 원에 바쳐진 공녀였는데, 원의 마지막 황제 순제의 제2 황후(1340)를 거쳐 정후(正后, 1365)가 되었고, 아들 애유식리달랍(愛猷識理達臘)은 황태자에 책봉되었다(1353). 그녀의 일족도 자연히 원 황실의 일원이 되었다. 기황후의 사망한 부친 기자오는 제후의 지위인 영안왕(榮安王)에 추증되었고, 모친 이씨는 영안왕대부인에 봉해졌다. 공민왕도 공식 석상에서 기황후의 모친 이씨와 같은 제후왕으로 마주 앉았을 정도로, 기씨 일족은 고려 안에서 공민왕에 버금가는 지위를 누렸다. 기황후는 고려 내정에

경천사 10층 석탑 고려 출신으로 원의 환관이 된 고용보가 기황후의 공덕을 기리기 위해 1348년(충목왕 4)에 조성했다. 원래 개성의 경천사에 있었는데, 1908년 일본으로 무단 반출되었다가 반환되어 지금은 국립중앙박물관에 있다.

도 깊숙이 관여했다. 원에서 기황후의 정적 연첩목아(燕帖木兒)가 실각했을 때는, 그의 지원을 받아 즉위한 충혜왕도 물러나야 했다. 충혜왕은 부왕 충숙왕이 사망한 뒤 복위했지만, 1344년 결국 기황후의 측근에게 체포되어 원으로 압송된 뒤 유배 도중에 비참한 죽음을 맞았다.

기황후 공녀로 원에 보내졌다가 순제의 눈에 띄어 마침내 정후(제1황후)의 자리에까지 올랐다. 원 조정의 실권을 장악하고, 고려 조정에까지 영향력을 행사했다. 그림은 원대의 주랑(周郎)이 그린 〈불랑국헌마도권(佛郞國獻馬圖卷)〉의 일부로, 왼쪽에서 네 번째가 기황후다.

—

무신정권 시기에 이어 원 간섭기에 하층민이 지배 세력으로 진출한 사실은 주목할 만한 현상이다. 고려왕조가 세계 제국 몽골의 지배 질서에 편입되어 정치·사회 구조가 변동함에 따라 지배 세력으로 진출하는 방식이 변화했고, 그 틈새를 비집고 하층민들이 진출할 수 있었다. 당시 원은 고려 국왕을 통해 고려를 지배했다. 원종 대에 왕세자(충렬왕)가 원나라 공주와 혼인한 이래, 고려 왕자는 원에서 성장하며 교육을 받았고 원나라 공주와 혼인한 후 국왕으로 책봉되면 귀국하여 고려를 통치했다. 새로 즉위한 고려 국왕은 국내 정치 기반이 취약해서 원에서 자기를 도와주던 시종 신료들에 의한 측근정치에 의존했는데, 하층민들은 측근정치라는 원 간섭기 고려 정치구조의 틈새를 비집고 지배층으로 진출할 수 있었다. 유가들의 이상적인 정치인 왕도정치와 거리가 멀었던 무신정권 시기와 원 간섭기는 억압과 규제를 받아온 하층민들에게 기회와 희망의 시기였으며, 역동성이 흘러넘치는 역설의 시기였다. 21세기 '다이내믹 코리아'의 기원은 어쩌면 고려의 역동적인 시기에서 찾아야 할지도 모르겠다.

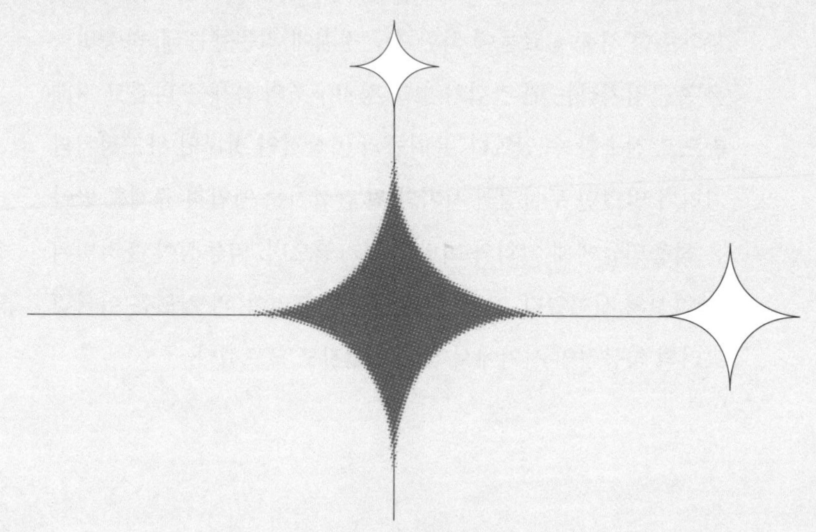

가족관계등록부에 담긴 고려

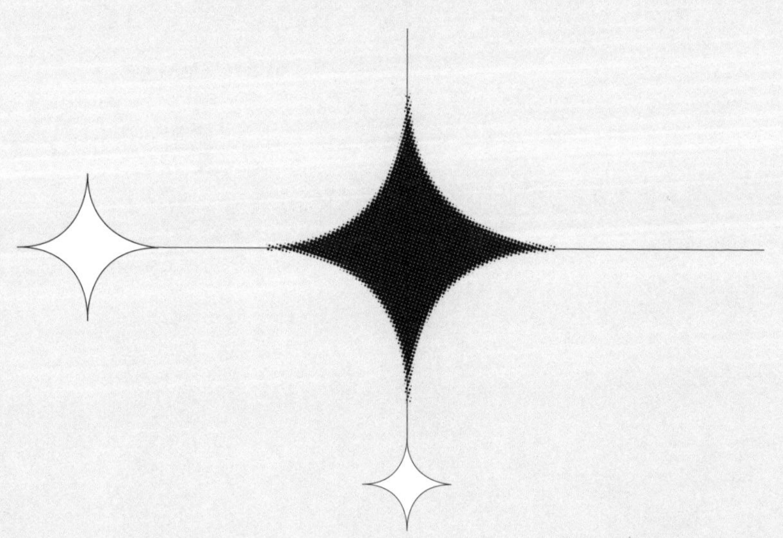

1958년 제정《민법》에 규정된 친족(제4편)과 상속(제5편)에 관한 법령을 통틀어 흔히 가족법이라 말한다.《민법》의 가족법은 여성 차별적인 성격이 있어서, 1948년《제헌헌법》의 '남녀동등권'과 배치되었다. 예를 들어, 친족의 경우 남편 전처의 소생 자녀 등은 친족으로 인정되나, 반대로 전남편과 낳은 현재 처의 자녀는 친족으로 인정되지 않았다. 동성동본끼리는 결혼할 수 없다는 조항도 따지고 보면 남성의 성과 본관을 기준으로 한 것으로 부계 혈통 중심의 불합리한 조항이었다. 상속의 경우에도 딸은 호주 상속 순위에서 최하위였다. 출가한 딸은 재산상속에서 제외되었다.

이같이 1948년《제헌헌법》의 '남녀동등권'과 배치되는 불합리한 가족법을 개정하려는 노력이 점차 사회 여론의 지지를 받으면서, 1970년대와 1980년대를 거쳐 차별적인 조항 일부가 개정되었다. 그러나 남성 위주, 부계 우위의 호주제도는 개정되지 않았다. 마침내 2005년 2월 3일 헌법재판소는 호주를 기준으로 가(家) 단위로 국민의 가족관계를 편제하는 현재의 호적(호주)

제도에 대해 위헌 결정을 내렸다. 이후 2007년 5월 17일 〈가족관계의 등록 등에 관한 법률〉(이하 '새 가족법')이 제정되어 2008년 1월 1일부터 시행되었다.

민법상 호주제도가 폐지됨에 따라 부속법인 호적법도 폐지되고, 기존의 호적제도를 대체할 새로운 가족관계 등록제도가 제정되었다. 즉 호적부를 대신하여 국민 개인별로 출생, 혼인, 사망 등의 신분 변동 사항을 관리 기록하는 가족관계등록부가 새로 만들어졌다. 성차별적 성격의 호주제도가 사라져 양성평등의 원칙이 구현되었다. 이에 따라 나타난 변화는 다음과 같다.

첫째, 친족 관계의 변화다. 새 가족법의 가족 범위는 부모, 자녀, 배우자로 한정되었다. 남녀, 부부, 노소의 누구든 기록의 주체가 되어 당사자를 중심으로 가족관계등록부가 작성되었다. 호주제도가 폐지됨에 따라 이전 호주의 역할이 개인 누구에게나 주어졌다. 또한 아버지의 성과 본관을 따른다는 부성주의(父姓主義) 원칙이 수정되어, 혼인 당사자가 합의할 경우 출생 자녀는 어머니의 성과 본관을 따를 수 있다. 자녀의 성과 본관도 부모의 청구와 법원의 허가를 받아 변경이 가능하다. 이같이 새 가족법은 호주제도의 폐지로 친족관계가 크게 변화되고 성차별이 사라져 양성평등의 원칙이 구현되어 있다. 한편, 양자의 경우 기존의 입양자(入養子) 제도에 더해 친양자(親養子) 제도가 도입되었다. 친양자가 되면 자기를 낳아준 친생(親生) 부모와의 법적 관계가 소멸되어, 입양된 아이는 양부모의 성과 본관을 따라 친생자(親生子)의 지위를 얻을 수 있게 되었다.

둘째, 상속 관계의 변화다. 조선 중기(17세기 중반)부터 성리학이 사회 전반에 뿌리를 내리면서 적장자 중심의 친족 체계가 강화되고 제사, 상속 등에서 적장자가 우대를 받는 남성과 부계 우위의 사회질서가 강조되었다.《경국대전(經國大典)》(1485)에 따르면, 제사권을 가진 적장자에게 상속재산의 20퍼센트가 제사 몫으로 더 상속되었을 뿐, 나머지는 자녀 균분상속이 이루어졌다. 그러나 조선 후기에는 제사권을 가진 장자에게 더 많은 재산이 상속되는 장자 우대상속 및 자녀 차등상속이 하나의 관행이 되었다. 이러한 관행은 일제강점기는 물론 해방 이후에도 유지되었다. 1958년 제정《민법》의 상속 비율은 호주상속인, 아들, 딸, 동일 가적(家籍)에 없는 딸은 각각 1.5 : 1 : 0.5 : 0.2이며, 1977년 개정《민법》의 경우 각각 1.5 : 1 : 1 : 0.25로 차등상속이었다.[1] 그러나 1990년대 가족법 개정을 거쳐 2000년대에 제정된 새 가족법은 자녀 균분상속으로 바뀌었다.

새 가족법은 조선 중기(17세기 중반)부터 1990년대까지 부계와 남성 중심의 호주제도 및 상속제도 그리고 일제강점기와 해방 이후 민법에 담긴 불합리하고 모순된 측면을 고쳐 양성평등의 취지를 반영해 제정한 획기적이고 진일보한 가족법이다. 그런데 새 가족법의 취지와 정신은 고려시대 가족 및 상속제도의 전통과 맥이 닿아 있으며, 실제로 그 전통을 계승하고 있다는 사실에 주목할 필요가 있다.

자녀에게 차이 없이 재산을 상속하다

고려시대 상속제도는 자녀 균분상속이었다. 성별이나 태어난 순서와 관계없이 자녀 모두가 부모의 재산을 균등하게 상속받았다.

(윤선좌는) 가벼운 병이 생기자 자녀들을 불러 말하기를, "오늘날 형제들이 화목하지 않는 것은 (재산) 다툼이 있기 때문이다"라고 하면서 아들 찬(粲)에게 명하여 문서를 작성하게 하여 가업(家業, 재산)을 균분하게 했다.[2]

정당하게 재물을 분배해야 한다. 불공평하게 한 자(균분상속 하지 않은 자)는, (그 가치를 포로 환산해서) 2필에 태형 20대, 3필에 태형 30대. …[3]

고려시대에 확립된 자녀 균분상속은 조선 중기(17세기 중반)까지 이어졌다. 《경국대전》(1485)에 따르면, 제사를 승계한 장자에게 상속재산의 20퍼센트를 제사 몫으로 더 상속했을 뿐, 나머지 형제 자녀에게는 균분상속을 했다.

균분상속은 가족 형태에 영향을 끼쳤다. 적장자 우대상속은 적장자에게 재산이 집중되어 그를 중심으로 여러 형제가 한 집안에서 동거하는 남성 부계 중심의 대가족 형태로 나타난다. 그러나 균분상속의 경우, 각자 상속받은 재산으로 독립된 가계를 이루기 때문에 소가족 형태로 나타난다. 고려시대 가족은 후자의 경우로, 실제로 부부를 중심으로 3~4명의 자녀를 둔 일부일처의 소가족 형태였다.[4] 이 점은 13세기 후반 충렬왕 대에 박유(朴楡)가 왕에게 제안한 내용을 통해 확인할 수 있다.

우리나라는 본래 남자가 적고 여자가 많은데도 지금 신분의 고하를 막론하고 처가 한 사람뿐이며 자식이 없는 사람들조차 함부로 첩을 두지 못합니다. 그런데 외국인이 와서 인원에 제한 없이 처를 두니, 이대로 두었다가는 인물이 모조리 그들이 있는 북쪽(원나라)으로 흘러가게 될까 우려됩니다. 청컨대 대소신료에게 첩을 두는 일(축첩)을 허락하되 품계에 따라 첩의 수를 줄여서 관직에 있지 않은 일반인(서인)은 1처 1첩을 둘 수 있게 하고, 첩에게서 낳은 아들도 본처가 낳은 아들처럼 벼슬을 할 수 있게 하십시오. 이렇게 한다면 홀아비와 홀어미가 줄어들고 인구도 늘어날 것입니다.[5]

박유의 말은 몽골과 오랫동안 전쟁을 해온 탓에 고려의 남성 인구가 감소했고, 원 간섭기에 원과 활발하게 교류하면서 일부다처의 몽골 풍습이 고려에 영향을 미치고 있던 상황을 보여준다. 그러면서도 일부일처제도가 고려의 오랜 관행이었음을 우리에게 확인시켜 준다. 박유는 인구를 늘리기 위해 이 제도를 폐지하고, 관료에서 서민에 이르기까지 고려에 온 외국인들처럼 축첩제도를 시행할 것을 국왕에게 제안했지만 실현되지 못했다. 당시 여론의 반응이 싸늘했기 때문이다. 부녀자들은 박유의 제안을

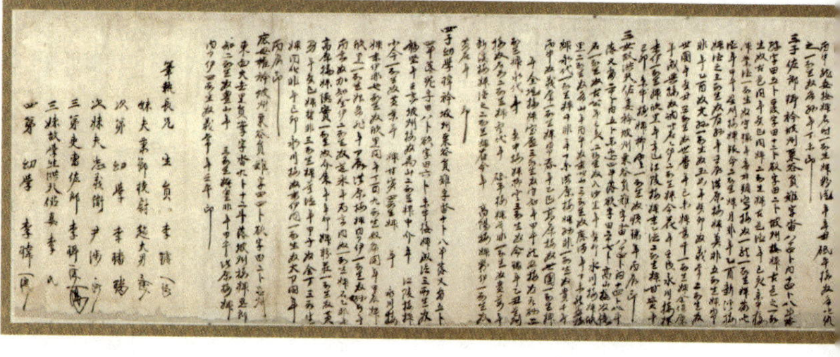

〈이이 남매 화회문기(李珥男妹和會文記)〉 1566년(명종 21) 5월, 신사임당과 이원수의 7남매가 부모 사후 재산을 나누어 가지면서 작성한 문서이다. 주로 경기도 파주에 있는 논밭과 전국에 흩어져 사는 노비를 남녀 구분 없이 고르게 분배했으며, 분재 순서 또한 성별과 관계없이 태어난 순서에 따랐다. 문서 말미에 분재 내용에 동의한다는 뜻으로 나이 순으로 이름을 적고 수결했다. 고려에 이어 조선 전기까지도 자녀 균분상속의 관행이 계속되었음을 알 수 있다. 건국대학교박물관 소장.

원망하고 두려워했다. 어느 연등회 날 저녁에 박유가 국왕의 수레를 호위하며 지나갔는데, 한 노파가 "여러 명의 첩을 두자고 청한 자가 저 빌어먹을 노인네란다" 하고 손가락질하자, 이 말을 들은 사람들이 함께 호응해서 박유를 비난했다고 한다.

처가살이와 여성의 지위

고려의 균분상속제도는 당시의 혼인제도에도 영향을 끼쳤다. 고려시대 일반인의 혼인 형태는 서류부가혼(壻留婦家婚)이었다.

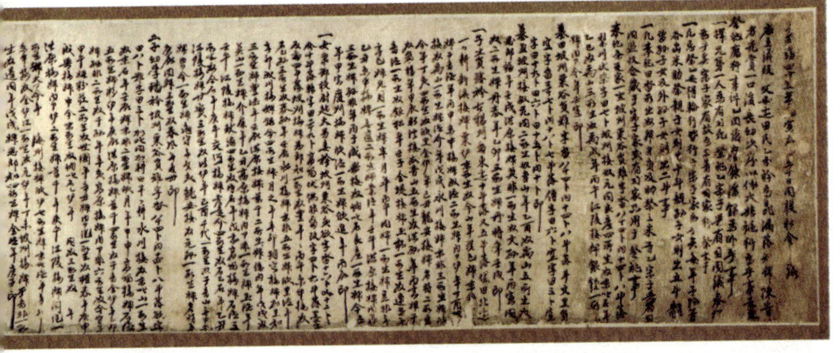

지난 왕조(고려)의 풍속은 혼인 예식에서 남자가 여자의 집에 장가를 들어 (거기에서) 자손을 낳아 외가에서 자라게 했다.[6]

"지금은 장가갈 때 남자가 처가로 가게 되어 무릇 자기가 필요한 것을 다 처가에 의지하니, 장인 장모의 은혜가 자기 부모와 같습니다. 아! 장인이시여. 특히 저를 두루 돌보아 주셨는데 이제 버리고 가시니, 누구에게 의지해야 합니까?"[7]

서류부가혼은 혼인 후 낳은 자식이 장성할 때까지 남자가 여자(부인)의 집에서 거주하는 풍속이다. 남자(남편)가 여자(아내)의 집에 의탁한다는 뜻에서 남귀여가혼(男歸女家婚)이라고도 한다. 남자가 부인의 집에서 오래 머무를 수 있었던 것은 여자도 재산을 상속받았기 때문이다. 자녀 균분상속으로 여자도 재산을 상속받아 경제적 기반을 갖추고 있었기 때문에, 남자가 혼인 후 여자의 집에 거주하는 서류부가의 혼인 풍습이 가능했던 것이다.

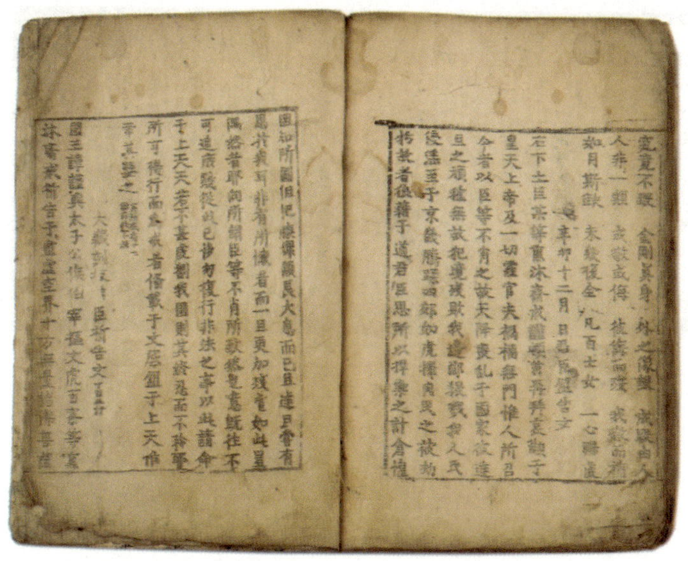

《동국이상국집》 이규보가 병석에 눕자 권력자 최이는 이규보의 문집 출간을 서둘렀다. 이규보는 1241년 7월 사망했고, 이해 12월 이 책이 발간되었다.

부모의 입장에서는 딸에게 상속된 재산을 사돈집이 차지하는 것을 방지하려는 뜻도 있었을 것이다.

호구단자에 남은 양성평등의 기록

고려시대의 호구단자를 보면, 노비의 소유주를 어머니 쪽과 아버지 쪽으로 각각 구분했다. 상속자가 없을 경우에는 어머니 쪽의 노비는 어머니 쪽의 본가로 귀속되었다. 이같이 여성의 재산권이 보호받은 것도 균분상속의 관행 때문이다. 또한 고위 관료나 공

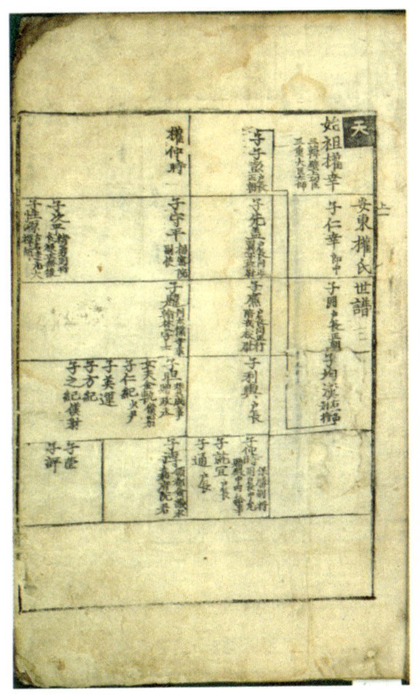

《안동권씨성화보》 1476년(성종 7)에 간행된 안동 권씨의 족보다. 계보도에서 외손을 무제한 수록하고 자녀를 출생 순으로 기재했으며 여성의 재혼을 기록하는 등 조선 후기 족보와는 크게 다른 편집 방식을 보여준다.

이 있는 관료의 자손에게 관직 진출의 특혜를 베푸는 음서제도에서도, 아들이 없는 관료의 경우 딸의 자손인 외손에게 음직(蔭職)이 계승되었다. 조상 제사도 장자가 독점하는 조선시대와 달리 남녀가 번갈아 지내는 윤행봉사(輪行奉祀)였다. 이는 자녀 균분상속으로 남녀가 각각 경제적 주체가 된 사실과 관련이 있다.

1476년(성종 7) 간행된 《안동권씨성화보(安東權氏成化譜)》는 우리나라에서 가장 오래된 족보로, 고려시대의 가족 및 족보 기록 관행이 반영되어 있다. 이에 따르면 고려시대에는 이른바 ○남 ○녀와 같이 남자를 먼저 기재하고 이어서 여자를 기재(선

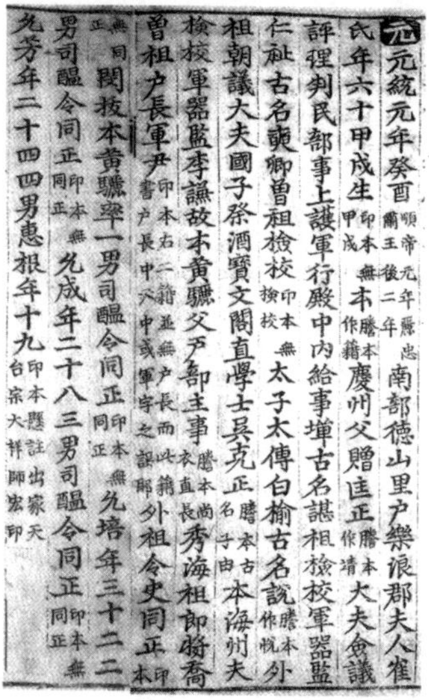

1333년(충숙왕 복위 2) (開京) 南部 德山里
戶(主) 樂浪郡夫人 崔氏 60세 本貫 慶州
父 增
祖 仁址
曾祖 白楡
外祖 吳克正 本貫 海州
夫 李謙 本貫 黃驪
父 秀海
祖 喬
曾祖 ?
外祖 閔拔 本貫 黃驪
1남: 允培(32세) 2남: 允成(28세)
3남: 允芳(24세) 4남: 惠根(19세)

樂浪郡夫人崔氏戶口資料(驪州李氏小陵公派譜)

사례 1. 1333년 이겸(李謙) 처 낙랑군부인(樂浪郡夫人) 최씨(崔氏) 호구 자료

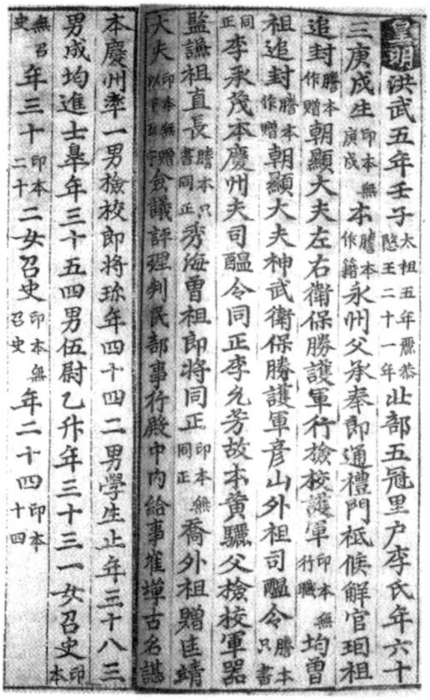

1372년(공민왕 21) (開京) 北部 五冠里
戶(主) 李氏 63세 本貫 永州
父 珚
祖 均
曾祖 彦山
外祖 李承茂 本貫 黃驪
夫 李允芳 本貫 黃驪
父 謙
祖 秀海
曾祖 喬
外祖 崔增 本貫 慶州
1남: 珎(44세)　2남: 止(38세)
3남: 皐(35세)　4남: 乙升(33세)
1녀: 召史(30세) 2녀: 召史(24세)

永州李氏戶口資料(驪州李氏小陵公派譜)

사례 2. 이윤방(李允芳) 처 영주 이씨(永州李氏) 호구 자료

남후녀)하지 않고 출생한 순서대로 기록했다. 딸을 기재할 때 조선 후기 족보처럼 여(女) 자 밑에 바로 서(壻)라 쓰지 않고 여부(女夫)라 쓴 다음에 사위의 성명을 썼다. 재혼한 남편의 경우 후부(後夫)라 썼다. 외손도 본손과 같이 함께 기록했다.

고려시대에는 여성도 호주가 되었는데, 다음의 사례에서 구체적으로 확인할 수 있다

왼쪽의 〈사례 1〉과 〈사례 2〉는 고려시대의 호구단자(戶口單子)다. 호구단자는 3년마다 호구장적(戶口帳籍, 호적)을 수정하기 위해 호주가 자신과 처의 가계 기록(부·조·증조·외조의 4조), 소생 자녀와 소유 노비 등을 적어서 관청에 보고하는 문서다. 고려시대와 조선시대 호구단자는 형식은 같지만, 고려의 경우 여성도 호주로 기록한 점이 조선과 다르다. 〈사례 1〉과 〈사례 2〉에서 각각 경주가 본관인 낙랑군 부인 최씨, 영주(지금의 영천시)가 본관인 이씨와 같이 모두 여성이 호주로 기록되어 있다. 조선시대의 경우 호주는 예외 없이 남성만 가능했다. 고려시대 여성이 호주가 될 수 있었던 것은 앞서 설명했듯이 당시의 혼인 풍속, 재산 상속과 전래, 제사 방식 등에서 남녀가 상대적으로 균등한 지위를 갖게 된 사실들과 맞물려 있다.

—

새 가족법 이전의 호적제도는 여성이 특별한 경우가 아니면 호주가 될 수 없었다. 다만 남성인 호주만이 그 가(家)를 대표했다. 그런데 고려시대 여성은 남녀가 상대적으로 균등한 지위를

갖게 된 여러 사실과 맞물리며 호주가 될 수 있었다. 이 역시 새 가족법의 취지와 정신이 고려의 가족제도에 담겨 있으며, 그 전통을 계승하고 있음을 잘 보여준다.

고려·조선·현대의 호적 관계 문서

통일신라시대는 신라 촌락문서가 전해지고 있어서 3년마다 호적을 다시 만들었다는 사실은 확인되나, 구체적인 내용은 확인할 수 없다. 그러나 고려왕조와 조선왕조는 당대의 호적 관계 자료가 전해지고 있다.

호적 자료는 호구장적(戶口帳籍), 호구단자(戶口單子), 준호구(准戶口)로 구성되어 있다. 이들 자료는 가족·노비·신분제도 등 사회사 연구에 귀중한 자료다.[1] 구체적으로 살펴보기로 한다.

호구장적은 흔히 호적이라 불린다. 호적은 국가가 국민의 신분 관계를 명확히 하기 위해 호주를 기준으로 한 가(家)에 속하는 사람의 신분에 관한 사항을 기록한 공문서다. 국가권력이 역역과 부세를 부과·징수하기 위한 기초 자료를 얻기 위해 실시한 호구조사 결과를 기록한 행정적 문서로 시작되었다. 신분제도의 확립과 더불어 고려·조선시대에는 신분 그 자체를 확인하는 수단이기도 했다.[2] 구체적으로 다음의 기록에 잘 나타나 있다.

옛 제도에 양반 호구는 반드시 3년에 한 번씩 호적을 작성해, 1건은 관에 바치고 1건은 집안에 보관했다. 각 호적 안에는 호주(戶主)의 세계(世系) 및 동거하는 자식·형제·조카·사위의 족파(族派)와 함께 노비에 이르기까지 전해진 종파(宗派), 그 소생의 이름과 나이, 노(奴)의 처와 비(婢)의 남편의 양천(良賤) 여부를 모조리 기록해 갖춰놓아 쉽게 살펴볼 수 있게 했다.[3]

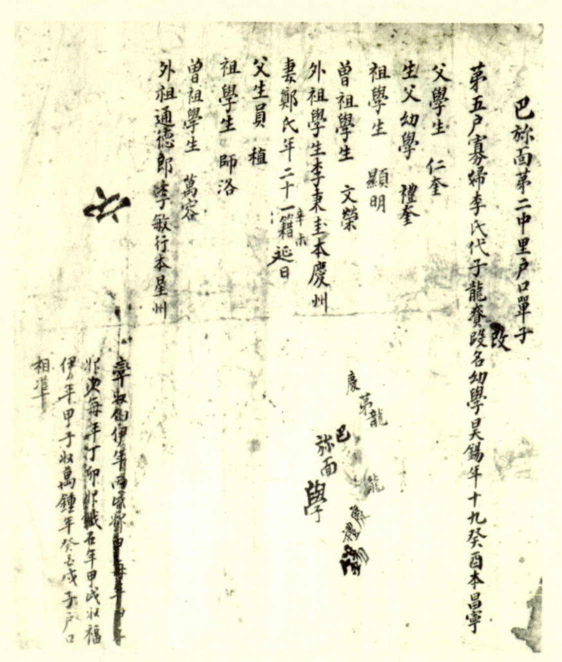

호구단자 3년마다 호구장적을 수정하기 위해 호주가 관에 보고하는 문서다. 호주는 여기에 호의 상황, 즉 호주와 처의 가계, 소생 자녀, 소유 노비 등을 기재했다. 사진은 과부(寡婦) 이씨(李氏)의 아들 호석(昊錫)의 호구단자.

호구단자는 3년마다 호구장적(호적)을 수정하기 위해 호주가 자기 호의 상황, 즉 호주와 처의 가계(각각 부·조·증조·외조의 사조), 소생 자녀, 소유 노비 등을 적어서 관에 보고하는 문서다. 호주가 호구단자 2부를 작성하여 올리면 이임(里任)·면임(面任)의 검사를 거쳐 주군에 보내지고, 주군에서는 구대장(舊臺帳) 또는 관계 서류를 대조하여 착오 여부를 확인한 후 1부는 호구단자를 제출한 호주에게 되돌려 주어 각 가정에 보관하게 하고, 1부는 호구장적을 수정하는 자료로 이용했다. 현전하는 고려시대 호구단자 가운데 가장 오래된 것은 1301년(충렬왕

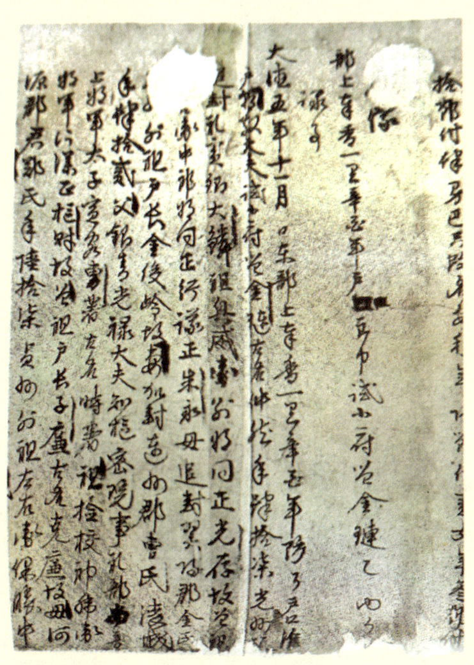

준호구 김연의 자료는 호구단자뿐 아니라 준호구도 남아 있다. 1261년(원종 2) 작성된 호적에 근거해 1301년(충렬왕 27) 발급된 준호구(일부). 광산 김씨 예안파 종가 소장 전사본.

27) 11월에 발급된 광산 김씨 김연(金璉, 1215~1292)의 호구단자다.[4] 민간에는 지금도 옛 호구단자가 보관되어 있는 경우가 많다.

준호구는 호주의 신청에 따라 관청에서 원적(原籍, 호구장적)에 준하여, 즉 근거하여 발급한 문서다. 소송 혹은 노비 소유(추쇄)를 위한 자료로, 신분 증명 및 가문 과시에 필요했기 때문에 호주가 관에 신청해 발급받았다.

호적제도는 한 말~일제강점기까지 유지되었다. 오직 호주와 가 단위 안에서의 개인의 신분관계를 증명하기 위한 제도로서만 운영되

가족관계증명서(견본)
가족관계등록부를 구성하는 다섯 종류의 증명서 가운데 하나로, 개인의 가족 구성과 관계를 공적으로 확인해 주는 대한민국의 법적 문서다.

었다. 호적제도는 근대 이후 호적에 관한 사항을 규정하는 것을 목적으로 제정된 법률인 호적법으로 계승되었다. 1912년의 제령(制令)인 〈조선민사령〉 중 호적에 관한 규정, 1922년의 총령(總令)인 〈조선호적령〉, 1948년의 군정법령인 〈호적임시조치에 관한 규정〉이 폐지되고, 1960년 1월 제정된 호적법이 2008년까지 유지되었다.[5]

그러나 2008년 1월 1일부터 민법상 호주제가 폐지됨에 따라 호적제도를 대체할 새로운 가족관계 등록제도가 신설되었다. 가족관계등록부는 국민 개개인별로 출생, 혼인, 사망 등의 신분 변동 사항을 전산정보 처리 조직에 따라 기록·관리하는 등록부다. 다섯 종류의 증명서

(가족관계증명, 기본증명, 혼인관계증명, 입양관계증명, 친양자관계증명)로 구성되어 있다. 남녀, 부부, 노소 누구나 각 개인은 다섯 종류의 가족관계 사항이 기록된 가족관계등록부를 갖게 된다.[6]

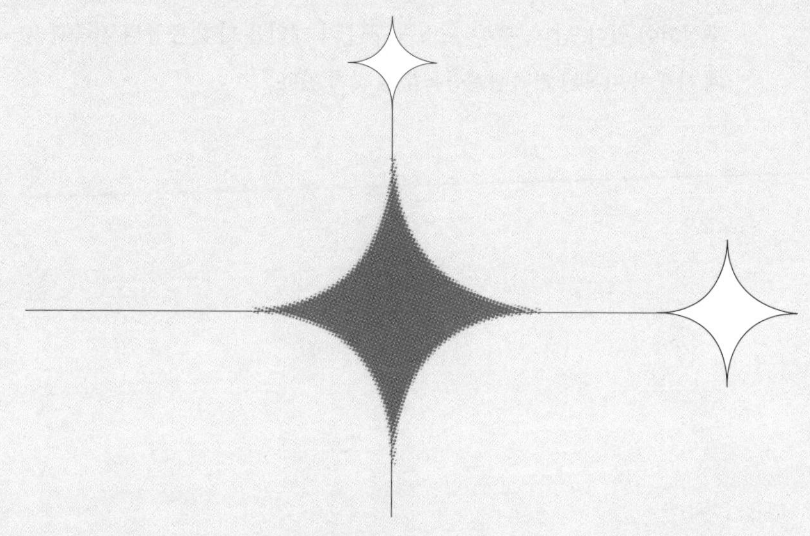

다문화사회라는 오래된 미래

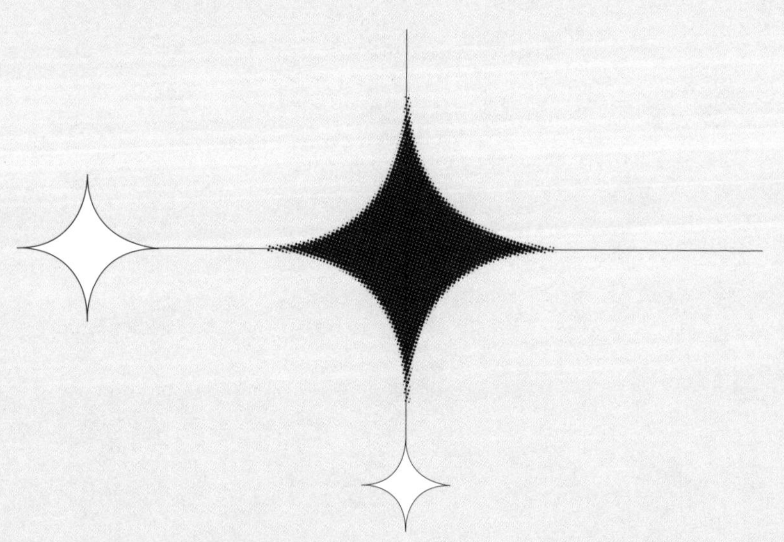

2024년 우리나라를 드나든 출입국자 수는 약 9,122만 명이다. 한 해 동안 대한민국 인구의 두 배 가까운 사람들이 왕래한 셈이다. 한 달 평균 약 760만 명으로, 대략 부산과 인천의 인구를 합한 수다. 또한 한국인과 외국인의 출입국자 구성비는 약 63 대 37로 한국인이 더 활발하게 움직였다. 우리 국민의 한 달 평균 출입국자 수는 약 480만 명으로 부산 인구보다 더 많다. 한편, 국내 체류 외국인은 약 265만 명으로 전체 인구 대비 체류 외국인 비율은 5.2퍼센트다. 외국인 비율이 5퍼센트 이상이면 다문화사회라고 하니, 이제 우리나라도 다문화사회로 접어들었음이 분명하다.[1]

한국인은 해외 진출도 활발했다. 2023년 기준 우리나라 국민으로 해외에 거주하는 재외국민은 약 247만 명이고 외국 국적을 획득한 동포는 약 461만 명으로, 이를 합한 전체 해외 거주 한국인은 약 708만 명이며, 무려 181개 국가에 진출해 있다. 우리나라에 체류하고 있는 외국인보다 더 많은 한국인이 해외로 진출했다. 해외 거주 한국인들 마음속에는 아픈 역사의 흔적이 남아 있다. 중국(약 211만 명)과 일본(약 80만 명)에 거주하는 상당수의 한국인은 조선 후기 기근을 면하기 위해 만주와 연해주 지역으로 이주했거나, 일제강점기에 강제징용과 수탈 등으로 이주해 정착한 사람들이다. 이들을 제외한 약 400만 명은 해방 이후 자발적으로 해외로 이주했다. 다수가 미국(약 262만 명), 캐나다(약 25만 명), 유럽(약 65만 명)에 거주하고 있다. 해방 이후 해외로 입양한 인구도 북미 약 12만 명, 유럽과 호주 약 4만 7,000명이나 된다. 참고로 일본의 경우 해외 거주자가 모두 410만 명에 불과하며, 주로 북미와 남미 등 특정 지역에 편중되어 있다. 일본은 한국보다 인구는 2배 이상 많으나, 해외 거주 인구는 한국의 60퍼센트에 불과하다.[2]

이상의 통계 수치로 미루어 보면, 해방 이전부터 시작된 한국인의 해외 이주는 해방 이후 훨씬 활발했다. 한국인은 이같이 외부 세계에 대한 개방성과 함께 역동적이고 진취적인 기질을 지니고 있으며, 이를 토대로 대한민국은 세계화 시대의 중심 국가로 발돋움했다. 그러나 이러한 모습은 20세기에 처음 나타난 현상이 아니었다. 한국인의 개방성은 역사적으로 고려왕조에서 기원한다.

다문화사회의 원조, 고려왕조

고려는 주변의 수많은 주민과 종족이 이주하고 귀화하는 현상이 활발했던 유일한 왕조다. 건국 이후 12세기 초까지 약 200년 동안 귀화한 주민과 종족은 크게 발해를 비롯해 여진, 거란, 한인(漢人) 등 네 계통으로 나눌 수 있다. 그중 가장 많은 발해계는 38회에 걸쳐 12만 686명이 귀화해서 전체 귀화인의 73퍼센트를 차지하는데, 926년 발해가 멸망하면서 생긴 현상이다. 다음으로 많은 여진계는 4만 4,226명으로, 거란의 피정복민으로 억압받다가 고려 거란 전쟁이나 거란의 내분을 틈타 귀화했다. 거란의 내분으로 귀화한 거란계 주민도 1,432명이나 된다. 한인(漢人)은 모두 42회에 걸쳐 155명이 귀화했는데, 송나라를 비롯해 오월, 후주 등 5대10국에 속한 나라들의 주민을 포함하고 있다. 이들을 다 합한 귀화 이민족 주민의 총수는 약 17만 명으로, 12세기 고려 인구를 200만 명으로 추산한《송사》의 기록을 감안하면 귀화인의 비율(8.5퍼센트)이 결코 적지 않다.[3] 당시의 이러한 모습은 많은 국가의 국민들이 한국을 찾는 요즈음의 모습을 연상시킨다. 근래 우리는 다문화사회로 진입했지만, 그 원조는 고려왕조인 셈이다.

이런 현상은 고려 초 시작되었다. 936년(태조 19) 9월 낙동강 지류인 일리천(경상북도 선산)에서 후백제 신검과 벌인 마지막 후삼국 통합전쟁에 동원된 고려군은 모두 8만 7,500명이었다. 여기에는 '유금필 등이 거느린 흑수(黑水)·달고(達姑)·철륵(鐵勒) 등 제번(諸蕃)의 경기병(勁騎兵) 9,500명'이 포함되어 있다.[4] '제번(諸蕃)'의 군사는 고려에 귀화하여 고려군에 편입된 여진 계통의 이민족 병사들이다. 전체 군사의 10퍼센트를 웃돈다.

이주와 귀화 현상이 본격적으로 나타난 것은 11세기 전반 이후다. 고려 거란 전쟁의 여파와 거란 내부의 불안한 정치 정세

채인범 묘지명 중국인 채인범이 고려에 귀화해 관리가 되기까지, 외국인을 등용해 고려를 선진화하려 했던 광종의 노력이 여기에 상징적으로 기록되어 있다. 국내에서 발견된 최초의 고려시대 묘지명으로, 규모가 가장 크다.

등으로 거란의 지배를 받아온 발해, 여진 및 한인(漢人) 계통의 주민은 물론 거란인까지 대거 고려로 넘어오기 시작했다. 《고려사》에 "거란의 수군 지휘사로 호기위(虎騎尉)의 벼슬을 가진 대도(大道) 이경(李卿) 등 6명이 귀화했다. 이때부터 거란인과 발해인이 고려에 귀화하는 일이 매우 많았다"라는 기록이 있는데,[5] 고려 거란 전쟁이 끝나고 10여 년이 지난 1030년(현종 21)부터 주변 국가의 주민과 종족이 본격적으로 넘어오기 시작했음을 알려준다. 이때부터 금이 건국하는 12세기 초까지 이주와 귀화 현상이 지속되었다.

배 타면 어딘들 가지 못하랴

한국사의 역대 왕조는 농업생산에 의존하는 농경국가의 성격을 지녔으며, 고려 역시 예외는 아니다. 다만 고려는 해양국가의 성격도 지녔다. 해양국가는 국토의 전체 또는 대부분이 바다로 둘러싸여 있는 나라라는 지리적 특성을 지니면서 바다를 국가 운영의 한 수단으로 삼는, 즉 대외무역을 통해 부를 축적하고 이를 위해 대외적으로 개방적인 정책을 추구하는 국가를 뜻한다. 이러한 고려적 특성이 잘 드러나는 것이 주로 바다를 통해 교류한 고려와 송의 관계다.

고려 거란 전쟁이 끝난 1019년(현종 10) 이후부터 문종(재위 1046~1083) 후반까지 약 50년간 고려와 송의 외교관계가 단절되었다. 1058년 문종이 송과 외교관계를 재개하려 하자, 신하들은 다음과 같은 이유로 반대했다.

"우리나라는 문물과 예악이 번성한 지 이미 오래고, 상선이 줄을 이어 왕래하며 날마다 진귀한 물자를 들여오고 있습니다. 굳이 외교관계를 맺어 송의 도움을 받을 일이 있겠습니까? 거란국과 우호 관계를 영원히 끊으려는 것이 아니라면 송과 외교관계를 맺어서는 안 됩니다."[6]

당시 신하들은 민간 차원의 교역으로 국내에 외국 물자가 풍부하게 공급되어 송과 외교관계를 재개할 필요가 없다고 판단

했다. 이런 상황에서 송과 외교관계를 재개하면 거란을 자극할 뿐 아니라 별다른 실익도 없다는 것이다.

960년 송 건국 이후 약 260여 년이 흐르는 동안 고려가 송에 사신을 파견한 횟수는 57회, 그 반대의 경우는 34회다. 고려가 더 적극적으로 사신을 파견했다. 그러나 양국 상인의 경우는 다르다. 송나라 상인이 고려에 온 횟수는 120회이고 상인은 적어도 5,000명이나 된다.[7] 이는 송나라 상인들이 고려 조정에 조회하여 물건을 바쳐 기록에 남은 수치다. 기록에는 보이지 않는, 이보다 더 많은 상인이 고려에 왔을 것이다. 무역 거래의 관행상 고려 상인도 송나라 상인 못지않게 송을 방문했을 것이다. 사신단 파견 등 공식 외교를 통한 전통적인 교역 방식과는 다른, 오늘날과 같은 민간 차원의 문물 교류가 두 나라 사이에 활발하게 이루어졌음을 알려준다. 고려와 송나라 간 상인과 민간 차원의 문물 교류는 우리가 생각한 것 이상으로 빈번했다고 보아야 한다. 1220년 당시 벽란도를 묘사한 시를 통해서도 확인할 수 있다.

조수가 밀려왔다 다시 밀려가고,
오가는 뱃머리 서로 잇대었네
아침에 배가 누 밑을 떠나면,
한낮이 못 되어 남쪽 지역에 이른다네
사람들은 배를 물 위의 역마라고 말하는데,
바람처럼 달리는 준마도 이만 못하네
만약 돛단배 바람 속에 달리듯 한다면,

순식간에 봉래 선경에 이르리니

어찌 달팽이 뿔 위에서 아옹다옹 다투리오,

배 타면 어딘들 가지 못하랴.[8]

이규보(1168~1241)가 이 시를 지은 시점은 무신정변이 일어나고 50년이 지난 때다. 고려 수도 개경의 관문 역할을 했던 벽란도는 해외와 국내에서 밀려드는 수많은 상선으로 북적였다. 벽란도는 당시 송·거란·여진·일본뿐 아니라 아라비아 상인까지 드나들 정도로 번성한 국제 무역항이었다. 고려의 국력 향상은 물론이고 문화의 번성에도 큰 역할을 했다.

개경의 번성한 모습은 기록에도 보인다. 1232년(고종 19) 6월 몽골 침입에 대비해 강화도 천도를 논의할 당시 수도 개경의 호수가 10만 호였다고 한다.[9] 인구 수로 따지면 대략 50만 명으로 추산된다. 13세기 초 개경은 인구 50만 명을 헤아릴 정도로 번성했다. 활발한 대외 교역과 교류는 수도 개경을 풍요로운 도시로 바꾸어 놓았다.

다음의 노래는 고려 후기 개경에 많은 외국인이 살았던 사실을 잘 알려준다.

쌍화점(雙花店, 만두 파는 가게)에 쌍화(雙花, 만두) 사러 갔는데

회회(回回 *이슬람계 서역인) 아비가 내 손목을 잡습니다.

이 말이 이 가게 밖에 나고 들면

다로러거디러, 조그만 새끼 광대 네 말이라 하리라.

(이하 생략)

이 가사의 화자는 만두를 사러 간 척하지만 사실은 회회 아비, 즉 서역인과 사랑의 밀회를 하기 위해 간 것이다. 그래서 소문이 퍼지면 "그건 어린 광대의 농담이야"라고 변명을 해야겠다고 말한다. 이슬람계 상인들이 만두 장사를 하면서 고려 여인과 정을 통하는 내용의 가사로, 활발하면서도 자유로운 당시 개경 저잣거리의 모습을 보여준다. 또한 외국 상인들이 자유롭게 상행위를 할 정도로 개방적인 고려 사회의 모습이 상징적으로 드러나 있다.

몽골을 통해 세계와 만나다

고려는 1231년(고종 18)부터 1259년(고종 46)까지 약 30년 동안 몽골의 침입을 받았다. 1259년 세자(뒤에 원종 즉위)가 몽골의 쿠빌라이에 항복하면서 두 나라는 강화를 맺었고 전쟁은 종식되었다. 몽골과의 전쟁 중에 많은 고려인이 포로가 되어 몽골로 끌려갔다. 몽골의 6차 침입이 시작된 1254년 그해에 포로가 된 사람만 20만 6,800명이었다.[10] 또한 고려 정부의 수탈을 이기지 못해 원이 지배한 쌍성총관부나 요양과 심양 지역으로 이주한 경우도 있었다. 그런가 하면 고려에서 반란을 일으켰다가 몽골에 투항하거나, 몽골의 군인이 되어 고려를 침략한 투항민도 있었다. 몽골은 고려의 투항민과 포로를 요양과 심양에 집단 거주시키고 이들을 관리하기 위한 기관을 설치하여, 투항한 고려인을 총관으로 임명했다. 그중 고려로 귀환한 인구는 거의 없었다. 대부분은 고려인으로서 정체성을 상실한 채 그곳에서 생을 마감했고, 후손들은 현지인으로 동화되었다.

한편, 충렬왕(재위 1274~1308) 이후 고려 국왕과 혼인한 원나라 공주는 물론, 원의 정동행성 등 부속기관에 임명된 관료 등 많은 원나라 사람이 고려에 들어와 거주했다. 원나라 출신 왕비를 따라온 시종 신하 중에 고려에 귀화해 관리가 되어 새로운 성과 본관을 받고 정착한 사람들도 많았다. 대표적인 인물이 장순룡과 인후다. 장순룡은 회회인(이슬람인)이며, 원래 이름은 삼가(三哥, 셍게)다. 충렬왕비 제국대장공주의 겁령구(怯怜口, 개인 몸종)로 고려에 처음 들어왔다. 고려에 귀화해서 장군으로 승진하고, 이름을 순룡으로 바꾸었다. 그는 해풍 장씨(덕수 장씨)의 시조가 되었다. 역시 제국대장공주의 겁령구로 고려에 온 인후도 고려에 귀화한 뒤 장군이 되어 이름을 인후로 고쳤다. 여러 차례 충렬왕을 수행해 원에 갔고, 양국 사이에 발생한 외교 문제를 해결하기도 했다. 1270년(원종 11) 평양에 설치된 동녕부를 원으로부터 돌려받는 과정에서도 공을 세웠다. 충선왕 때는 재상으로 승진하고 공신이 되었다. 연안 인씨 족보에 그의 이름이 올라 있다. 아들 인승단도 충목왕 때 재상을 지냈다.

원으로 이주하거나 귀화한 고려인도 많았다. 국왕을 수행해 원을 드나드는 관리도 많았고, 원에 유학을 가거나 원의 과거에 응시해 관리가 되는 사람도 많았다. 원의 향시(예비시험)와 제

이색 초상 당대 최고의 학자이자 정치가로, 공민왕의 개혁정책에 따라 성균관을 다시 지어 성리학풍을 진작하고 정몽주·정도전·이숭인 등 신진사대부의 성장에 크게 기여했다. 위화도 회군 이후 실권을 잡은 이성계에 반대해 유배당하기도 했다.

과(制科, 최종 시험)에 급제한 사람이 각각 20여 명에 이른다. 이들은 원의 선진문물을 배우고 고려에 전파하는 역할을 했다. 그밖에 원의 관리와 혼인한 고려 여인, 원 황실에서 환관으로 권력을 행사한 사람도 적지 않았다.[11]

원은 국적과 종족을 가리지 않고 능력 위주로 인재를 등용하는 개방정책을 시행했는데, 고려 역시 건국 직후부터 개방정책을 추구했다. 양국의 개방정책이 상승작용을 하면서 두 나라 사이에 활발한 교류가 가능했다. 고려는 약 100년간 원의 정치·군사적 간섭을 받았지만, 원을 통해 서방세계와 처음 접했다. 13세기 중반 몽골제국을 방문한 프랑스인이 중국 동쪽에 '카울레(Caule)'라는 나라가 있다고 기록했는데, 이는 '고려'의 중국어

발음 '가오리'의 프랑스어 표기로, 지금의 우리나라 외국어 국호 '코리아'를 호칭하는 최초의 기록이다. 다른 한편으로 코리아는 몽골을 통해 서방세계와 만날 수 있었던 고려왕조의 개방성을 상징하는 용어이기도 했다.

—

앞서 언급한 것처럼, 12세기 고려시대 당시 귀화인의 비율이 8.5퍼센트였다. 최근 외국인 비율이 5퍼센트를 넘어 우리나라가 다문화사회로 진입한 점을 감안하면, '다문화사회 대한민국'의 원조는 고려왕조인 셈이다. 오늘날 한국 사회는 세계화 흐름 속에서 다문화사회로 나아가고 있다. 외국인 근로자, 결혼 이민자, 유학생, 난민 등 다양한 배경의 이주민들이 한국 사회의 새로운 구성원이 되었다. 고려시대의 귀화인 수용 전통은 오늘날 한국이 이들을 포용하는 사회로 나아가는 과정에서 역사적 근거를 제공한다. 과거의 고려처럼, 오늘날 한국 또한 다양한 문화적 배경을 가진 사람들과 함께 새로운 한국을 만들어 가고 있다.

부록

본문의 주

참고문헌

이미지 출처

1부 세계를 뒤흔드는 'K'의 저력

국호_세 번의 고려

1 《삼국사기》 권13, 고구려 본기1, 동명성왕.

2 《한서》 권28, 지리지 8하, 현토군 고구려현.

3 《민족문화대백과사전》 '고구려' 항목. (https://encykorea.aks.ac.kr/Article/E0003323)

4 서길수, 〈고구려와 고려의 소릿값(音價)에 관한 연구〉, 《고구려연구》 27, 2007, 39~40쪽; 서길수, 〈고구려·고려의 나라 이름(國名)에 관한 연구(1)〉, 《고구려발해연구》 50, 2014, 122~126쪽.

5 《삼국사기》 권50, 궁예 열전.

6 이병도, 〈진단변(震旦辨)〉, 《진단학보》 1, 1934; 이병도 역, 《국역 삼국사기》, 을유문화사, 2012.

7 이병도, 위의 논문 및 책.

8 《고려사》 권92, 홍유 열전.

9 《고려사》 권1, 태조 원년 9월.

10 《고려사》 권2, 태조 15년 5월.

11 《고려사》 권94, 서희 열전.

12 《고려사》 권94, 서희 열전.

13 《고려사》 권42, 공민왕 19년 12월.

14 《조선일보》, "통일 후에도 국호-국기 유지해야", 1997. 6. 11.

1   김호동,《몽골제국과 세계사의 탄생》, 돌베개, 2010, 197~200쪽.

2   오인동,《꼬레아, 코리아》, 책과함께, 2008, 31~34쪽.

3   《원사》권44, 순제 5년 12월 을묘.

4   《오주연문장전산고》에서는 '소롱혁(瑣瓏革)'으로 기록했다.

5   최남선,《조선상식》〈지리편〉, 1948, 457쪽.

6   최남선, 위의 책, 456쪽.

7   오인동, 앞의 책, 35~36쪽.

8   오인동은 카울리 사람들이 거주한 섬을 압록강 이남으로 봤다(오인동, 37쪽).

9   참고로 서구에서는《마르코 폴로의 여행기》, 중국도 이를 그대로 옮겨《마르코 폴로의 행기(行記)》또는《유기(遊記)》라 했다. 일본에서는《동방견문록》으로 널리 사용되었으며, 우리나라에서도 그렇게 불렸다. 김호동 교수는 원 제목이《세계의 서술》이라고 했다(김호동 역주,《마르코 폴로의 동방견문록》, 사계절출판사, 2000, 42쪽).

10   김호동 역주, 앞의 책, 225쪽.

11   오인동, 앞의 책, 48쪽. 이미 멸망한 고구려가 고려와 함께 원나라에 속한 성으로 언급되고 있는데, 그 연유는 파악되지 않는다.

12   오인동, 앞의 책, 49쪽.

13   서길수,〈고구려와 고려의 소리값(音價)에 관한 연구〉,《고구려연구》27, 2007, 49~61쪽; 서길수,〈고구려·고려의 나라이름(國名)에 관한 연구(1)〉,《고구려발해연구》50, 2014, 127~135쪽.

14   이상태,〈서양 고지도에 표기된 우리나라 국호〉,《역사비평》65, 2003, 380~382쪽; 오인동, 앞의 책, 21쪽.

15   이영호,〈국호 영문 표기, Corea에서 Korea로의 전환과 의미〉,《역사와현실》58, 2005, 340~345쪽.

16   김재준·박종기,〈19세기 미국 신문에 나타난 한국의 영문 국호 표기: Corea & Korea〉,《민족문화논총》40, 영남대학교 민족문화연구소, 2008, 555~560쪽.

17   정용욱,〈19세기 말 20세기 초 외국 문헌에 나타난 우리나라 국호 영문 표기〉,《역사비평》65, 2003.

군사력 _ 강소국의 군사 저력

1   《고려사》 권30, 충렬왕 18년 8월.

2   《추간선생대전문집(秋澗先生大全文集)》 권40, 〈범해소록(汎海小錄)〉.

3   《고려사》 권4, 현종 10년 4월.

4   《소우기(小右記)》(관인寬仁 3년, 1019년 8월). 《소우기》는 후지와라노 사네스
     케(藤原實資, 966~1028)의 일기다. 총 61권으로 현재 982~1032년의 기록이
     남아 있다.

5   김재근, 《한국 선박사 연구》, 서울대학교출판부, 1984.

6   《성호사설》 권25, 박부경형(薄賦輕刑).

7   《고려사》 권78, 식화1, 전제, 우왕 14년 7월(조준의 1차 전제개혁 상소).

8   《이계집(耳溪集)》 권10, 해동명장전서(海東名將傳序).

9   《고려사》 권94, 강감찬 열전.

10   《고려사》 권103, 박서 열전.

11   《고려사》 권103, 박서 열전.

12   《고려사》 권104, 김방경 열전.

화약 _ K-방산의 원조

1   허선도, 《조선시대 화약병기사 연구》, 일조각, 1994, 1~2쪽.

2   《고려사절요》 권31, 우왕 6년 8월.

3   《태조실록》 권7, 태조 4년 4월 임오.

4   《고려사》 권134, 우왕 7년 4월.

5   《고려사》 권113, 정지(鄭地) 열전.

6   《태조실록》 권7, 태조 4년 4월 임오.

7   채연석·강사임, 《우리의 로켓과 화약무기》, 한국과학문화재단, 1998, 11쪽.

8   《신증동국여지승람》 권2, 경도 하, 군기시, 정이오 화약고기(火藥庫記).

9   《고려사》 권133, 우왕 3년.

10   《고려사》 권81, 병1, 병제, 5군.

11   《고려사》 권81, 병1, 병제, 공민왕 5년.

12   《고려사》 권44, 공민왕 22년 11월.

13　《고려사》 권44, 공민왕 23년 6월.

14　《고려사》 권44, 공민왕 21년 10월.

15　《고려사》 권44, 공민왕 22년 10월.

16　채연석·강사임, 앞의 책, 11쪽, 22쪽.

17　《신증동국여지승람》 권2, 경도 하, 군기시, 정이오 화약고기.

18　《고려사》 권83, 백관2, 제사도감각색(諸司都監各色).

19　허선도, 앞의 책, 20쪽.

20　《신증동국여지승람》 권2, 경도 하, 군기사, 정이오 화약고기.

21　《태종실록》 권1, 태종 1년, 윤3월 1일 경인.

22　《세조실록》 권3, 세조 2년, 3월 28일 정유.

깊이 보기: 최무선이 만든 화약무기와 저서

1　《태조실록》 권7, 태조 4년 4월 임오.

2　무기의 종류와 용도에 대한 설명은 다음 연구를 따랐다. 채연석·강사임, 《우리의 로켓과 화약무기》, 한국과학문화재단, 1998, 17쪽, 21~22쪽.

3　《성종실록》 권206, 성종 18년 8월 3일 경오.

수공업_기술에 생산력을 더해 완성한 경쟁력

1　《고려도경》 권32, 기명3, 도존(陶尊).

2　《수중금(袖中錦)》.

3　유홍준, 《유홍준의 한국미술사 강의》2, 눌와, 2012.

4　《고려도경》 권23, 잡속2, 토산.

5　《고려도경》 권15, 거마, 기병마.

6　《고려사》 권9, 문종 34년 7월.

7　《고려사》 권125, 문공인 열전.

8　이승철, 《우리가 정말 알아야 할 우리 한지》, 현암사, 2002; 김병남, 〈종이의 전래와 한지의 발달〉, 《전주사학》9, 2004.

9　《해동역사(海東繹史)》 권27, 물산, 문방류 종이.

10　지전온, 〈신라·고려시대 동아 지역 지장(紙張)의 국제 유통에 관하여〉, 《대

동문화연구》23, 1989, 194~196쪽.

11 《고려도경》 권23, 잡속2, 토산.

12 《파한집》 권상.

13 지전온, 앞의 논문, 197쪽.

14 《신증동국여지승람》 권7, 여주목(驪州牧) 고적(古跡) 등신장(登神莊).

15 고려시대 부곡제 분포 수

	개성부	양광도	경상도	전라도	교주도	서해도	동계	북계	합계
향	1	34	43	56	2	7	1	9	153
부곡	0	93	240	85	1	0	5	7	431
소	1	78	58	116	16	9	6	1	285
처	1	21	1	2	3	3	0	0	31
장	0	12	2	0	1	3	0	0	18
합계	3	238	344	259	23	22	12	17	918

(박종기, 〈고려시대 종이 생산과 소 생산체제〉,《한국학논총》35, 국민대학교, 2011, 69쪽)

16 김철준, 〈신라의 촌락과 농민생활〉,《한국사》3, 1978, 122~123쪽.

목면_ 생활문화 혁명을 이끈 기업가 정신

1 윤동한,《기업가 문익점: 목화씨로 국민기업을 키우다》, 가디언, 2018, 10~13쪽.

2 《태조실록》 권14, 태조 7년 6월 정사, 문익점 졸기.

3 박희진, 〈조선 목면의 일본 전래와 서민생활 변화〉,《문익점과 목면업의 역사적 조명》, 아세아문화사, 2003, 169~170쪽.

4 앞의 문익점 졸기.

5 최영호, 〈고려 말 경상도 지방의 목면 보급과 그 주도 세력〉,《고고역사학지》5·6합집, 1990, 251~253쪽, 동아대학교박물관.

6 앞의 문익점 졸기.

7 《고려사절요》 권35, 공양왕 3년 3월 무자.

8 이정수, 〈조선 전기 면직업의 발전과 사회경제상의 변화〉,《문익점과 목면업의 역사적 조명》, 아세아문화사, 2003, 86~87쪽.

9 남미혜, 〈조선전기 면업 정책과 면포의 생산〉,《국사관논총》80, 1998; 윤

동한, 앞의 책, 162~169쪽.

10   《세조실록》 권3, 세조 2년 3월 정유.

11   《태종실록》 권1, 태종 1년 윤3월 경인.

12   《삼우당실기》 권2, 부록 〈제현시장(諸賢詩章)〉.

13   《삼우당실기》 권2, 부록 〈제현시장(諸賢詩章)〉.

14   《삼우당실기》 권2, 부록 〈제현시장(諸賢詩章)〉.

15   《삼우당실기》 권3 부록 〈사제문(賜祭文)〉 및 〈열성조전교(列聖朝傳敎)〉 참고.

깊이 보기: 문익점에 관한 서로 다른 기록

1   본문에서 인용한 실록 기사는 《태조실록》 권14 문익점 졸기이다.

2   한편 문익점 신도비명(1772년, 영조 48, 이미李瀰 찬)과 묘지명(1785년, 정조 9, 황경원黃景源 찬)에는 문익점의 졸년이 1383년(우왕 9)으로 기록되어 있다.

3   《삼우당실기》 권2, 부록 〈제현시장(諸賢詩章)〉 참고.

4   이에 대해서는 다음의 논문에서 자세히 검토했다. 김해영, 〈문익점의 생애와 목면 전래 사적의 검토〉, 《문익점과 목면업의 역사적 조명》, 아세아문화사, 2003.

5   김성준, 〈문익점과 목면 전래의 역사적 배경〉, 《동방학지》 77~79 합집, 1993.

금속활자_ 인쇄 종주국의 지식 파워

1   청주 MBC, 〈금속활자, 그 위대한 발명〉, 2000년 9월 22일 방영.

2   《동국이상국집》 후집 권11, 〈신서상정예문발미(新序詳定禮文跋尾)〉.

3   박종기, 《고려사의 재발견》, 휴머니스트, 2015, 291~298쪽.

4   이재정·유혜선, 〈국립중앙박물관 소장 한글 금속활자의 특징〉, 국립중앙박물관 역사부, 《한글금속활자》, 국립중앙박물관, 2006, 236쪽, 239~240쪽,

5   국립중앙박물관 역사부, 《금속활자에 담은 빛나는 한글》, 국립중앙박물관, 2008, 6~8쪽, 15쪽.

6   국립중앙박물관에서 이루어진 조선시대 금속활자에 관한 연구 성과는 다음과 같다. 국립중앙박물관 역사부, 《한글금속활자》, 2006; 국립중앙박물관 역사부, 《조선의 금속활자》, 2007; 국립중앙박물관 역사부, 《금속활자에 담은 빛나는 한글》, 2008; 국립중앙박물관, 《활자의 나라, 조선》, 2016.

여기에 더해 이재정, 《활자본색: 우리가 몰랐던 조선 활자 이야기》, 책과함께, 2022 참고.

7 이재정, 《활자본색: 우리가 몰랐던 조선 활자 이야기》, 18~19쪽, 28~30쪽.

8 《금속활자에 담은 빛나는 한글》, 14쪽; 이재정, 앞의 책, 54~67쪽, 79~87쪽.

9 《삼봉집》 권1, 〈서적포를 설치하는 시(置書籍鋪詩)〉.

10 《양촌집》 권22, 주자발(鑄字跋).

11 천혜봉, 〈세계 초유의 창안인 고려 주자 인쇄〉, 《규장각》 8, 1984.

2부 천 년을 이어온 고려의 세계관

지명 _ 왕건이 이름 붙인 도시들

1 《고려사》 권56, 지리1, 천안부.

2 《고려사》 권57, 지리2, 울주.

3 《경상도지리지》 울산군.

4 《고려사》 권1, 태조 13년 2월.

5 《고려사》 권57, 지리2, 안동부.

6 《삼국사기》 권12, 경순왕 9년 10월.

7 《고려사》 권57, 지리2, 경주.

8 《고려사》 권2, 태조 23년 3월.

9 김갑동, 《나말여초의 호족과 사회변동 연구》, 고려대학교 민족문화연구소, 1990, 93~123쪽.

10 《세종실록지리지》 과천현; 《신증동국여지승람》 권8, 죽산현 건치연혁.

11 박종기, 《고려의 지방사회》, 푸른역사, 2002, 488~493쪽.

성과 본관 _ 이름에 새겨진 혈연과 지연

1 〈국적법〉 6조.

2 《택리지(擇里志)》 총론.

3   앞의 책.

4   《목은문고》 권16, 중대광 현복군 권공 묘지명.

5   《한국민족문화대백과사전》 '성씨' 항목. (https://encykorea.aks.ac.kr/Article/E0029415)

6   《고려사》 권2, 태조 23년 3월.

7   《고려사》 권57, 지리2, 경주.

8   《삼국유사》 권1, 기이 제1, 신라 시조 혁거세왕.

9   《한국민족문화대백과사전》 '성씨' 항목. 앞의 사이트.

10   《신증동국여지승람》 권16, 목천현 성씨.

11   《고려사절요》 권1, 태조 13년 1월.

12   《고려사》 권73, 선거1, 과목.

문별 _ 학벌과 재벌의 뿌리

1   《삼국유사》 권4, 의해 제5 자장정률(慈藏定律).

2   《고려사》 권75, 선거3, 사심관.

3   《고려사》 권96, 최사추 열전.

4   《고려사》 권99, 최온 열전. 참고로 최온은 최유청(1093~1174)의 증손자다. 최유청은 문종·순종·선종을 거쳐 무신정권 초기까지 재상을 지냈다. 아들 최선, 손자 최종자를 거쳐 증손자 최온(?~1268)까지 모두 재상 등 고위직을 지냈다.

5   최충헌 묘지명.

6   변태섭, 〈고려 재상고〉, 《고려정치제도사연구》, 1971, 일조각, 58~83쪽.

7   《고려도경》 권8, 인물.

8   《송사》 권487, 고려 열전.

9   《고려사》 권109, 이곡 열전.

10   《고려사 권132, 신돈 열전.

11   《숙종실록》 권16, 숙종 11년 6월 갑인.

12   《정조실록》 권9, 정조 4년 5월 기축.

측근정치_ 측근의 원조, 고려 내시

1 《고려사》 권96, 최사추 열전.

2 《고려사》 권18, 의종 20년.

3 홍승기, 《고려 귀족사회와 노비》, 일조각, 1983, 175~176쪽.

4 《고려사》 권123, 폐행 인후 열전.

5 《고려사》 권124, 폐행 윤수 열전.

6 《고려사》 권122, 환자 열전 서문.

7 《고려사》 권122, 환자 열전 서문.

과거제도_ 한국 시험제도의 기원

1 《고려사》 권73, 선거1, 서문.

2 《고려사절요》 권2, 광종 9년 5월.

3 《고려사》 권93, 최승로 열전.

4 《고려사》 권2, 광종 26년, 이제현 사찬.

5 《맹자》, 〈이루(하)〉.

6 《수산집》 권6, 〈여광종론(麗光宗論)〉.

계층 이동_ 기회의 사다리를 세운 역동성

1 인병택, 〈"다이내믹 코리아"는 이렇게 탄생했다〉, 외교부, 2006. 7. 5.
   https://www.mofa.go.kr/www/brd/m_4095/view.do?seq=301870&s-
   rchFr=&%3BsrchTo=&%3BsrchWord=&%3BsrchT-
   p=&%3Bmulti_itm_seq=0&%3Bitm_seq_1=0&%3Bitm_
   seq_2=0&%3Bcompany_cd=&%3Bcompany_nm=

2 《고려사》 권128, 이의민 열전.

3 《고려사》 권128, 이의민 열전.

4 《고려사》 권104, 박구 열전.

5 《고려사》 권125, 유청신 열전.

양성평등_가족관계등록부에 담긴 고려

1   https://namu.wiki/w/가족관계등록부.

2   《고려사》권109, 윤선좌 열전.

3   《고려사》권85, 형법2, 금령.

4   이우성, 〈고려시대의 가족〉, 《한국의 역사상》(1982 재수록), 1975, 164~167쪽; 박종기, 《새로 쓴 오백년 고려사》, 휴머니스트, 2020, 356~362쪽.

5   《고려사》권106, 박유 열전.

6   《태종실록》권29, 태종 15년 1월 갑인.

7   《동국이상국집》권37, 〈제외구대부경진공문(祭外舅大府卿晉公文)〉.

깊이 보기: 고려·조선·현대의 호적 관계 문서

1   최승희, 《한국고문서연구》, 한국정신문화연구원, 1981, 222쪽; 한국민족문화대백과사전, '호구단자'. (https://encykorea.aks.ac.kr/Article/E0063674)

2   한국민족문화대백과사전, '호적'. (https://encykorea.aks.ac.kr/Article/E0063846)

3   《고려사》권79 식화2 호구조.

4   최승희, 앞의 책, 267쪽.

5   한국민족문화대백과사전, '호적법'. (https://encykorea.aks.ac.kr/Article/E0063847)

6   한국민족문화대백과사전, '가족관계등록부' (https://encykorea.aks.ac.kr/Article/E0067709)

이주_다문화사회라는 오래된 미래

1   법무부 출입국·외국인정책본부 외국인정보빅데이터팀, 《2024 출입국·외국인 정책 통계연보》, 2020. 6. (https://viewer.moj.go.kr/skin/doc.html?rs=/result/bbs/228&fn=temp_1750991387255100)

2   재외동포청, 대륙별 동포 현황. (https://www.oka.go.kr/web/content.do?menu_cd=000188)

3   박옥걸, 《고려시대의 귀화인 연구》, 국학자료원, 1996.

4   《고려사》권2, 태조 19년 9월.

5   《고려사》 권5, 현종 21년 5월.

6   《고려사》 권8, 문종 12년 8월.

7   김상기, 《고려시대사》, 서울대학교출판부, 1986.

8   《동국이상국집》 권16, 〈누 위에서 조수(潮水)를 보고 동료 김군(金君)에게
      줌(又登樓觀潮贈同僚金君)〉.

9   《고려사》 권16, 고종 19년 6월.

10   《고려사절요》 권17, 고종 41년 12월.

11   장동익, 〈원에 진출한 고려인〉, 《고려 후기 외교사 연구》, 1984, 일조각.

1. 사료
《고려도경》
《고려사》
《고려사절요》
《동국이상국집》
《삼국사기》
《삼국유사》
《삼봉집》
《삼우당실기》
《성호사설》
《신증동국여지승람》
《양촌집》
《이계집》
《태조실록》
《태종실록》
《택리지》
《파한집》

2. 연구서
국립중앙박물관(전시도록),《금속활자에 담은 빛나는 한글》(2008. 5. 15~8. 31).
국립중앙박물관(전시도록),《활자의 나라, 조선》(2016. 6. 21~11. 13).

김갑동,《나말여초의 호족과 사회변동 연구》, 고려대 민족문화연구소, 1990.

김상기,《고려시대사》, 서울대학교 출판부, 1986.

김재근,《한국 선박사 연구》, 서울대학교출판부, 1984.

김해영 외,《문익점과 목면업의 역사적 조명》, 아세아문화사, 2003년, 경남문화연구
　　　총서 5.

김호동,《마르코 폴로의 동방견문록》, 사계절, 2000.

김호동,《몽골제국과 세계사의 탄생》, 돌베개, 2010.

노명호 외,《한국고대중세고문서연구》(상·하), 서울대학교출판부, 2000.

박옥걸,《고려시대의 귀화인 연구》, 국학자료원, 1996.

박종기,《고려사의 재발견》, 휴머니스트, 2015.

박종기,《고려의 지방사회》, 푸른역사, 2002.

박종기,《새로 쓴 오백년 고려사》, 휴머니스트, 2020.

변태섭,《고려정치제도사연구》, 일조각, 1971.

오인동,《꼬레아, 코리아》, 도서출판 책과함께, 2008.

유홍준,《유홍준의 한국미술사 강의2》, 눌와, 2012.

윤동한,《기업가 문익점: 목화씨로 국민기업을 키우다》, 가디언, 2018.

이승철,《우리가 정말 알아야 할 우리 한지》, 현암사, 2002.

이우성,《한국의 역사상》, 일조각, 1982.

이재정,《활자본색: 우리가 몰랐던 조선 활자 이야기》, 책과함께, 2022.

이재정·유혜선,《조선의 금속활자》, 국립중앙박물관, 2007.

이재정·유혜선,《한글금속활자》, 국립중앙박물관, 2006.

장동익,《고려 후기 외교사 연구》, 일조각, 1984.

채연석·강사임,《우리의 로켓과 화약무기》, 한국과학문화재단, 1998.

최남선,《조선상식》, 1948(《육당 최남선 전집》, 현암사, 1973, 수록).

한국학중앙연구원,《민족문화대백과사전》.

허선도,《조선시대 화약병기사 연구》, 일조각, 1994.

홍승기,《고려 귀족사회와 노비》, 일조각, 1983.

3. 연구논문

김재준·박종기,〈19세기 미국 신문에 나타난 한국의 영문 국호 표기: Corea & Ko-
　　　rea〉,《민족문화논총》40, 영남대, 2008.

남미혜, 〈조선전기 면업 정책과 면포의 생산〉,《국사관논총》80, 1998.

박종기, 〈고려시대 종이 생산과 所 생산체제〉,《한국학논총》35, 국민대학교, 2011.

박희진, 〈조선 목면의 일본 전래와 서민생활 변화〉,《문익점과 목면업의 역사적 조명》, 2003.

서길수, 〈고구려·고려의 나라이름(國名)에 관한 연구(1)〉,《고구려발해연구》50, 2014.

서길수, 〈고구려와 고려의 소릿값(音價)에 관한 연구〉,《고구려연구》27, 2007.

이상태, 〈서양 고지도에 표기된 우리나라 국호〉,《역사비평》65, 2003.

이영호, 〈국호 영문 표기, Corea에서 Korea로의 전환과 의미〉,《역사와현실》58, 2005.

이재정·유혜선, 〈국립중앙박물관 소장 한글 금속활자의 특징〉,《한글금속활자》, 국립중앙박물관, 2006.

이정수, 〈조선 전기 면직업의 발전과 사회경제상의 변화〉,《문익점과 목면업의 역사적 조명》, 2003.

정용욱, 〈19세기 말 20세기 초 외국 문헌에 나타난 우리나라 국호 영문 표기〉,《역사비평》65, 2003.

지전온, 〈신라·고려시대 동아 지역 지장(紙張)의 국제 유통에 관하여〉《대동문화연구》23, 1989.

천혜봉, 〈세계 초유의 창안인 고려주자(鑄字)인쇄〉,《규장각》8, 1984.

최영호, 〈고려 말 경상도 지방의 목면 보급과 그 주도 세력〉,《고고역사학지》5·6합집, 1990.

015 국가유산 지식이음/국립문화유산연구원

018 중앙포토

032 e뮤지엄/국토지리정보원 지도박물관

033 위키미디어 커먼스

036 독립기념관

042 국립중앙박물관

047 셔터스톡

049 위키미디어 커먼스

055 군산시

058 국립중앙박물관

070 셔터스톡

072 국립중앙박물관

075 일본 나라 다이마데라(當麻寺)

077 e뮤지엄/국립청주박물관

088 한국민족문화대백과사전

090 국립중앙박물관

095 국립중앙박물관

099 국립중앙박물관

101 파리국립도서관

102 한국민족문화대백과사전

우리가 미처 몰랐던 고려

국호에서 K-컬처까지, 고려가 남긴 놀라운 유산

1판 1쇄 발행일 2026년 5월 4일

지은이 박종기

발행인 김학원
발행처 (주)휴머니스트출판그룹
출판등록 제313-2007-000007호(2007년 1월 5일)
주소 (03991) 서울시 마포구 동교로23길 76(연남동)
전화 02-335-4422 **팩스** 02-334-3427
저자·독자 서비스 humanist@humanistbooks.com
홈페이지 www.humanistbooks.com
유튜브 youtube.com/user/humanistma
인스타그램 @humanist_insta

편집주간 황서현 **편집** 강창훈 **디자인** 김태형 차민지
조판 홍영사 **용지** 화인페이퍼 **인쇄** 청아문화사 **제본** 민성사

ISBN 979-11-7087-514-7 03910